U0721671

# 望城地方文化研究

——"校园文学与地方文化类语文校本课程教材开发研究"的实践探索

李玉上　刘　宇　主编

北方联合出版传媒(集团)股份有限公司

万卷出版公司

© 李玉上 2020

**图书在版编目(CIP)数据**

望城地方文化研究："校园文学与地方文化类语文校本课程教材开发研究"的实践探索 / 李玉上，刘宇主编. -- 沈阳：万卷出版公司，2020.5
ISBN 978-7-5470-5304-1

Ⅰ.①望… Ⅱ.①李… ②刘… Ⅲ.①地方文化-关系-中学语文课-教材-开发-研究-望城 Ⅳ.①G633.302

中国版本图书馆 CIP 数据核字(2020)第 013151 号

- - - - - - - - - - - - - - - - - - - - - - - - - - - - - - - - - - - -

出版发行：北方联合出版传媒(集团)股份有限公司
　　　　　万卷出版公司
　　　　　(地址：沈阳市和平区十一纬路 25 号　邮编：110003)
印　刷　者：三河市嵩川印刷有限公司
经　销　者：全国新华书店
开本尺寸：170mm×240mm
字　　数：133 千字
印　　张：12
出版时间：2020 年 5 月第 1 版
印刷时间：2020 年 5 月第 1 次印刷
责任编辑：张冬梅
责任校对：张立新
策　　划：张立云
装帧设计：潇湘悦读
Ｉ Ｓ Ｂ Ｎ：978-7-5470-5304-1
定　　价：49.00 元
联系电话：024-23284090
传　　真：024-23284448

# ◈ 写在前面的话 　　　　　　　>>>>

　　《望城地方文化研究》是李玉上语文工作室"校园文学与地方文化类语文校本课程教材开发研究·望城地方文化研究"课题组继 2016 年 9 月《望城地方文化视点》出版之后的又一项成果。如果说《望城地方文化视点》反映的是该课题研究的教材开发的结果，那么《望城地方文化研究》反映的则是获得该课题研究的教材开发结果的过程。这个过程，简单地讲，是一个从制定工作方案到落实工作方案再到取得工作成果的过程，而实际情况并不这么简单。

## 一、这是一个"敢吃螃蟹"的探险过程

　　当初，"校园文学与语文校本课程教材开发研究"课题组下达"校园文学与地方文化类语文校本课程教材开发研究"的研究任务给我们的时候，我们"绕树三匝，无枝可依"。理论上，我们找不到可资支撑的依据；操作中，我们找不到可资借鉴的模本。但是，任务来了，不容推卸，我们只能鼓起勇气，以"敢吃螃蟹"的冒险精神开启了课题研究的探险历程。我时常激励大家，"没有枪，没有炮，我们自己造"。如今，这只"螃蟹"基本上吃下来了(尽管在吃这只"螃蟹"的时候不时遇到"蟹钳刺手""蟹骨卡喉"的情况)，算是向"校园文学与语文校本课程教材开发研究"课题组提交了一份较好的"任务完成回执单"。

## 二、这是一个"克敌制胜"的攻坚过程

　　这个"敌"，包含两个方面：一是"地方文化"，一是"自我惰性"。就"地方文化"而言，当初，我们对它眼里是一无所识，心里是一片茫然，连研究的对象都是云里雾里，

更不用说去研究它了。就"工作惰性"而言,长期工作在所谓"驾轻就熟"的工作环境中,面对新任务"我懒得去搞"、面对新措施"我懒得去执行"的思想意识不时作祟。大"敌"当前,我们不能退缩,只能战而胜之。于是,对"工作惰性",我们以"进取"精神取而代之;对"地方文化",我们以"探究"行动求而索之。可以这么说,如果没有战胜这个"敌",我们的任务是断难完成的。尤其是对"自我惰性"的剔除,我们一刻也未能放松。

### 三、这是一个"从无到有"的创生过程

"地方文化"可以呈现为"原生"状,也可以呈现为"再生"状,但我们的研究强调的是它的"创生"状,亦即通过我们对其"原生"状或者"再生"状的分析研究,创造性地生成它新的内涵。例如,"雷锋",其"原生"状主要表现为"雷锋日记"和"雷锋事迹",其"再生"状为研究"雷锋"的大量材料信息,在此基础上,针对"校本课程教材"应有的功能,通过反复研究之后,我们在《望城地方文化视点》中介绍的是"有精神的雷锋""有理想的雷锋""爱学习的雷锋""爱文学的雷锋"等,这是此前从未有过的新识见。至于《望城地方文化视点》这一教材的出版,无疑是对"从无到有"的最好诠释。

### 四、这是一个"凝心聚智"的共进过程

"地方文化"往往博大精深、点多面广而又良莠杂存、菁芜并处,要将它发掘好、利用好,形成"校园文学与地方文化类语文校本课程教材",远非一人之力所能为之。于是,在"望城地方文化研究"中,我们实施"团队作战"的策略,采取"凝心聚智"的措施。"凝心",是让研究者将心思集中到"课题"研究的"专业性"上来,集中到"教材"开发的"规范性"上来;"聚智",当然是凝聚课题组成员(乃至课题组外人员)的集体智慧,拥长者展其所长,有短者避其所短,善为者任以多为,不善为者促其善为。我们可以自豪地说,正是这个"凝心聚智",才使我们团队的成员得到了极好的锻炼,获得了较为理想的收获。

以上,我从四个角度简要说明了这个课题研究的过程。要说这个课题研究的过程,作为课题组负责人的我,其实还有很多话要说。比如,面对"畏难"现象时的"强逼",面对"延时"现象时的"急催",面对"求之不得"情况时的"煎熬",面对"不合格"成果作品时的"详改",面对"不完美"成果作品时的"斧削",面对大量"校改"任务时的"苦坐",等等,远非三言两语所能尽述,限于篇幅,此处"省略一万字"。

前面讲了,这个过程是一个从制定工作方案到落实工作方案再到取得工作成果的过程,本书的编排大体上是按照"从制定工作方案到落实工作方案再到取得工作成果"这个思路进行的,设置了"工作方案""工作推进""工作经验""工作推介""教师研究成果精选""学生研究成果精选"等栏目,收录文稿95篇,目的在于让读者了解我们工作

的全过程。其中,有些文稿尤其是学生的文稿,我们任由其"瑕瑜互见",未作修改,意在存留过程的真实性和作品本身的原味性。

2017 年 12 月,在"第七届全国校园文学研究高峰论坛暨校园文学成果展评交流会"的"校园文学社团和课题研究专场论坛"上,承蒙主办单位中国当代文学研究会校园文学委员会的厚爱,我忝当经验介绍之任,以"白云留不住,万里独归乡——浅谈校园文学与地方文化类语文校本课程教材开发研究的思想与行为要领"为题作大会发言。其要义为:要有拓荒辟径的担当气魄,要有吃苦耐劳的奋斗精神,要有钩深索隐的锐敏慧眼,要有实事求是的科学态度,要有灵活多样的解难方法,要有学以致用的创新设计。这是我们在"校园文学与地方文化类语文校本课程教材开发研究·望城地方文化研究"过程中的最真切的感受。我想,这应该可以作为我们今后课题研究工作的基本导向之一。

从 2014 年至今,我们的工作得到了中国当代文学研究会校园文学委员会、中国教育学会中学语文教学专业委员会有关专家的悉心指导,得到了长沙市望城区教育局、望城区教研培训装备中心、望城一中、望城二中、望城六中、望城职中、乔口中学、育红中学、向阳中学、黄金中学、东城中学等单位或学校的大力支持,还得到了许多非教育系统的望城区内外有关单位、领导、专家的无私帮助,在此谨向上述单位和个人表示诚挚的谢意。

由于水平有限,我们的工作一定存在许多不足之处,本书一定存在许多不当之处,敬请大家批评指正。

是为序。

李玉上

2018 年 1 月 13 日 凌晨

# 目　录>>>> CONTENTS

## ◇◇◇工作经验

◇◇◇工作推介

◇◇◇教师研究成果精选

### ◇◇◇◇学生研究成果精选

# 望城地方文化研究

—— WANG CHENG DI FANG WEN HUA YAN JIU

◇◇◇ **工作方案**

「校园文学与地方文化类语文校本课程教材开发研究」课题研究实施方案／李玉上

《望城地方文化视点》编写方案／李玉上

望城一中2016年校园文学工作要点／李玉上

......

>>>

# "校园文学与地方文化类语文校本课程教材开发研究"课题研究实施方案

◎ 李玉上

　　"校园文学与地方文化类语文校本课程教材开发"课题是中国教育学会中学语文教学专业委员会、中国当代文学研究会校园文学委员会"校园文学与语文校本课程教材开发研究"课题组下达给我校的子课题。"校园文学与语文校本课程教材开发研究"是中国当代文学研究会校园文学委员会主持的中国教育学会中学语文教学专业委员会 2014—2018 的重点课题，作为该课题之一，"校园文学与地方文化类语文校本课程教材开发"课题研究在该课题组的统一领导组织下开展工作，由李玉上语文工作室承担具体的研究开发任务。为切实完成本项工作，现根据学校实际，制定本方案。

**一、牢牢把握校园文学与地方文化类语文校本课程教材开发研究的依据**

　　1. 政策理论依据

　　关于课程体系，《中共中央、国务院关于深化教育改革全面推进素质教育的决定》提出要"建立新的课程体系，试行国家课程、地方课程和学校课程"。关于课程管理，《国务院关于基础教育改革与发展的决定》提出要"实行国家、地方、学校三级课程管理。国家制定课程发展总体规划，确定国家课程门类和课时，制定课程标准，宏观指导中小学课程实施。在保证实施国家课程的基础上，鼓励地方开发适应本地区的地方课程，学校可开发或选用适合本校特点的课程。"关于课程价值，新课程标准指出："国家课程的主导价值在于通过课程体现国家的教育意志，地方课程的主导价值在于通过课程满足地方社会发展的现实需要，校本课程的主导价值在于通过课程展示学校的办学宗旨和特色。"关于课程开发，《基础教育课程改革纲要（试行）》提出："学校在执行国家课程和地方课程的同时，应视当地社会、经济发展的具体情况，结合本校的传统和优势、学生的兴趣和需要，开发或选用本校的课程。"

　　2. 现实需要依据

　　基于上述要求，我校曾在校本课程及其教材的研究开发方面做过一些努力，取得了一定的成果。如 2000—2001 年间我校教师开发了"中学生艺体活动"课程及其教材

《中学生艺体活动全程设计·高中卷》(肖万祥主编,湖南大学出版社出版),2002—2005年间李玉上老师开发了"作文创新"课程及其教材《中学生作文达标训练与指导——作文创新之路》(李玉上著,湖南人民出版社出版),2008—2010年间开发了"校本德育"课程及其教材《今天的音符明天的歌》(李玉上、黄碧明主编,海南出版社出版)。但是,近年来,我校在校本课程研究开发方面有所松懈,行动有所迟缓,成果较为有限,校本课程研究开发工作亟待进一步加强。同时,我校所在行政区长沙市望城区区域文化因素十分丰富,亟待挖掘、整理、提升和传承。作为望城区基础教育的龙头和窗口学校,我们深感为建设"文化望城"贡献力量责无旁贷,研究望城文化校本课程及教材责无旁贷。

## 二、高度认识校园文学与地方文化类语文校本课程教材开发研究的意义

1. 有利于繁荣望城地域文化研究景象

众所周知,望城地域文化因素十分丰富,雷锋故里、湘江古镇、长沙王陵、铜官陶瓷、民间剪纸、民间戏曲、文人诗文、民间诗联、陶艺泥塑、欧阳书法、麻石雕刻、名峰古刹、绝世古塔、现代新城等,绝非一般区县所能比肩,人们对此的研究也较有作为,但多为"门派分立",未及"全面系统"之期盼。我们的研究有望在此有所拓展和突破。

2. 有利于拓展望城一中办学渠道

学校办学需要遵循办学规范,校本课程的研究与开发需要立足本地本区,地方文化印记应该印记在本地本区的受教育者的头脑之中,研究开发本项校本课程及教材将为学校落实新课程要求和校园文化建设开辟较为广阔而坚实的道路。

3. 有利于提高师生教与学的专业化水平

教师参与本项工作,可以通过课程理论学习和专业知识运用,以及课程教材的建构、编写、教学和反思、改进、总结等提高专业尤其是科研能力,促进专业成长;学生参与本项工作,可以开阔视野、凝聚乡愁,尤其可以丰富社会实践活动(课程),并有深度地开展研究性学习(课程)活动,进一步提高自身的文学素养、综合学养和探究能力,促进自身的个性成长。

## 三、充分利用校园文学与地方文化类语文校本课程教材开发研究的条件

1. 较为浓郁的地方文化氛围

近年来,望城区委、区政府对望城文化建设极为重视,以陶艺之乡、书画之乡、诗联之乡、戏曲之乡、剪纸之乡等"五乡"建设为核心的文化活动成果显著,陶土之芳、翰墨之香、诗联之美、戏曲之韵、剪纸之味,无不彰显着望城的地域文化风采和文化建设的决心。这是我们从事本项研究的良好的地方文化气候,可谓适得其时。

2. 较为深厚的校园文化底蕴

学校以"严谨、朴实、奉献、进取"为校训精神,以"为立人、为立业、为发展、为卓越"

为办学理念,以"校园美、校风好、管理科学、质量一流"为办学目标,以"培养改造世界的主人"为办学方向,以"实施精致教育、培养完全人物"为办学策略,历经百年的风雨洗礼,积淀了一定的文化内涵,势必涵养未来的校园文化生长。这是我们从事本项研究的良好的校园文化基础,可谓适得其所。

3. 较为专业的研究人员队伍

课题组成员 10 名,其中本科学历的 8 名,研究生学历的 2 名;特级教师 1 名,高级教师 3 名。他们或多或少参加过一些课题研究并取得了相应的研究成果,如课题组长李玉上曾参与过湖南省"十五"重点规划课题"中学心理健康教育模式与实践研究"等多个课题研究,副组长夏育华曾主持过多个课题研究,具有丰富的课题研究经验;其他成员都是教学骨干,都具有一定的研究能力。这是我们从事本项研究的良好的科研人力资源,可谓适得其人。

4. 较为坚强的研究开发保障

学校校长对本项课题研究极为支持,并亲自参与研究;学校将给予本项研究一定的经费和足够的时间保障;区教育局、区教研培训装备中心均对本项研究给予一定的政策支持和技术支持。同时,研究内容所涉单位亦将会为本项研究提供方便。这是我们从事本项研究的良好的生态环境,可谓适得其境。

**四、严格执行校园文学与地方文化类语文校本课程教材开发研究的策略**

1. 坚持以校本课程教材开发为中心

本项研究的重点是开发我校校本课程及其教材,积极落实《基础教育课程改革纲要(试行)》提出的有关要求,填补我校校本课程研究开发过程中的断层。其基本目标有四:一是形成校园文学与地方文化类语文校本课程教材开发研究的基本理论框架;二是形成具有望城地方特色的语文校本课程"望城地方文化研究"及其教材《望城地方文化视点》;三是培养一批具有创新特质、能够探究前行的语文教学骨干教师;四是总结推广学校在语文校本课程研究、校园文学活动、学校文化建设等方面的新理念、新经验。

2. 坚持以校园文化和文学活动为载体

大力开展校园文学活动,充分发挥校园文学所具有的开放性、自主性、体验性、综合性、丰富性等优势,让文学活动贯穿研究的始终,贯穿课堂教学的始终;成果的呈现既要体现理论的深刻性和指导性,又要体现文学的形象性和感染性。

3. 坚持以实践探索与理论构建相结合为手段

全体研究人员一定要不辞辛劳,积极进行实践探索和理论构建,该实地考察的就实地考察,该亲自走访的就亲自走访,该调阅文献的就调阅文献,该走进课堂的就走进课堂,坚决反对"空对空""虚对虚"等做法,努力完成从实践探索到理论建设的高端架构。

**五、扎实完成校园文学与地方文化类语文校本课程教材开发研究的任务**

1. 明确组织领导

为加强课题研究的组织领导和具体实施,特成立望城一中"校园文学与地方文化类语文校本课程教材开发研究"课题组和课程实施组。

课题组由李玉上任组长,夏育华、龚君任副组长,邹寅华、杨扬、姚宇、张婷、刘杜(靖港中学)、刘汉辉(乔口中学),邱琼(望城职中)等为成员,具体负责本项工作。

课程实施组由校长任组长,课题组组长、主管教学的副校长任副组长,教务科负责人、高一年级语文教师为成员,具体负责课程开设等工作。

2. 明确时间安排

第一阶段为立项阶段(2014 年 11 月—2015 年 3 月):制订研究计划,形成研究思路,明确研究方向,申报立项。主要工作是根据《课题实验学校项目申报指南》申报立项,形成"校园文学与地方文化类语文校本课程教材开发课题研究实施方案";发展实验学校 3—5 所。

第二阶段为开题阶段(2015 年 3 月—2015 年 4 月):组建课题组,明确分工,召开开题会,启动研究工作。主要工作是制定"《望城地方文化视点》编写方案",下达编写任务。

第三阶段为实施阶段(2015 年 4 月—2016 年 8 月):按所制定的方案进行研究,编写课程指导纲要《望城地方文化研究课程实施指导纲要》及其教材《望城地方文化视点》,并出版和试用,收集反馈意见。撰写相关研究论文,论文必须是关于"校园文学与地方文化类语文校本课程教材开发"的,或者是"望城地方文化研究课程实施"的,而非仅仅是关于"望城地方文化视点"的。

第四阶段为结题阶段(2016 年 9 月—2016 年 12 月):收集整理研究论文,汇编研究成果集,撰写结题报告,申请结题。

3. 明确研究内容

一是课程研究。主要包括"校园文学与地方文化类语文校本课程教材开发研究"及课程开设的规律、原则和方法等,形成校本课程"望城地方文化研究"。本项研究的主要成果形式是论文或论著(含合著或专著)。

二是教材开发。主要包括望城地方文化资源的挖掘、整理与提炼,其基本内容暂定为:雷锋精神、红色传奇、漫地诗风、湘水惊涛,丁字石话、书堂翰墨、桥驿名峰、茶亭塔影、铜官窑火、乔口渔歌、格塘波光、靖港古韵、新康戏乐、王陵传说、洗心梵音、戴公圣庙、民间奇艺、地名方言等。本项工作的主要成果形式是校本教材《望城地方文化视点》。

4. 明确具体任务

课题组内部一定做到既分工又合作,步调一致,资源共享,难题同究,工作齐抓。每人负责"望城地方文化视点"（另见《〈望城地方文化视点〉编写方案》）1—2 个专题的研究；每人负责"校园文学与地方文化类语文校本课程教材开发研究"（含校本课程《望城地方文化研究》）论文 5—8 篇，每篇论文 2500 字左右。

### 六、切实加强校园文学与地方文化类语文校本课程教材开发研究的保障

1. 加强人力保障

校园文学与地方文化类语文校本课程教材开发研究是一项具有开拓性、独创性的工作，对完成校园文学与地方文化类语文校本课程教材开发研究任务和学校校本课程建设具有十分重要的现实意义和历史意义，全体成员都要以强烈的责任感和使命感对待本项工作，以满腔的热情、无私的精神，千方百计，从精力和时间上保障按时优质完成本项工作。

2. 加强经费保障

本课题研究预计需要经费 11.95 万元。其中，实验学校所需交纳的费用 3500 元（含专家指导费 2000 元、实验学校牌匾证书及通联费 500 元、预收课题研究所需的学习资料费 1000 元），"校园文学与地方文化类语文校本课程教材开发"成果汇编（含校本课程"望城地方文化研究"）、校本教材《望城文化视点》出版费用约 6.0 万元，考察、调研、采访等交通、午餐费用约 1.0 万元，奖励及撰稿报酬约 3.6 万元，其他开支约 1.0 万元。实验学校所需交纳的费用、出版经费由学校解决，其他费用在学校拨付给李玉上语文工作室的配套经费中解决。

3. 加强行动保障

行动保障是落实本项工作的最大的最可靠的保障。一是把本课程纳入学校选修课程，在 2016 年上学期的高一年级开设"望城地方文化研究"课程，以足够的师资和时间保障本课程在课堂中得到落实。二是课题组要通过理论梳理、实地调研、对象走访、文献研究、文学活动、现象分析、集体研究等方式方法保障研究的顺利进行。

### 七、其他事项

论文文稿编排详见《〈望城地方文化视点〉编写方案》有关要求。

论文完成后要积极投稿发表，同时发至龚君老师 QQ 邮箱 673794987，以便收集整理成册，作为研究成果出版使用。

本方案经课题组成员讨论通过后实施，未尽事宜即时处理。

（本文发表于《校园文学研究通讯》总第 11 期）

# 《望城地方文化视点》编写方案

◎ 李玉上

　　《望城地方文化视点》是中国教育学会中学语文教学专业委员会、中国当代文学研究会校园文学委员会·校园文学与语文校本课程教材开发研究课题·校园文学与地方文化类语文校本课程教材开发研究·望城地方文化研究课程的校本教材。为扎实搞好课题研究及教材编写工作,现根据《"校园文学与语文校本课程教材开发研究"课题实验学校申报与研究实施办法》与《校园文学与语文校本课程教材开发研究课题组课题管理实施细则(试行)》等课题组指导意见及学校工作实际制定本编写方案。请认真落实。

## 一、指导思想

　　以社会主义核心价值观为指南, 以本土文化审视为基点, 以校园文化建设为己任,以校本教材开发为抓手,推进校本课程改革,提高教师科研水平,丰富学生文化知识,提高学生思想品质,陶冶学生道德情操。

## 二、价值定位

　　1. 基本对象:以高中一年级学生为主要读者对象,以高中语文教师为教学使用对象,同时兼及其他阅读或使用对象。

　　2. 基本内容:贯彻社会主义核心价值观,挖掘、整理、提炼望城本土文化资源,对望城本土文化元素进行较为深刻的文化审视。

　　3. 基本形式:以文本形式呈现基本内容,坚持图文并茂原则。采取理论阐述、图片呈现、故事叙述等相结合的形式呈现本书的基本内容。

　　4. 基本目标:让学生对望城文化有较为全面、清晰、深刻的认识,为学生形成正确的世界观、人生观和价值观提供良好的文化导向,为校本课程推进提供行之有效的教学载体。

## 三、编写组织

1. 主编:李玉上、夏育华。负责方案的制定,编写的组织、指导,以及成书的出版。

2. 副主编:龚君、邹寅华。协助主编做好相应的联络、统稿、校稿、编辑等具体工作。

3. 编者:李玉上、夏育华、龚君、邹寅华、杨扬、姚宇、张婷、刘杜、刘汉辉、邱琼。分别完成相应的编写工作。

## 四、编写原则

1. 就编写人员而言,坚持协作性原则。编写人员应遵从主编意图,服从统一安排。对全书内容及体例形式作全面把握,以保持全书内容的连贯、形式的统一和风格的协调。同时做到个人智慧、素材资源等的相互支持,共享共用。

2. 就思想内容而言,坚持文化性原则。所述内容必须符合社会主义核心价值观的要求,符合望城本土文化实际,重视富有地方特色的文化内涵。

3. 就表达形式而言,坚持鲜活性原则。以文化散文形式为主,坚持述事、论理、抒情相结合,突出表达的形象性、感染性等文学特征和校园文学特色。

4. 就选材编排而言,坚持创新性原则。选材应是最具望城本土特色的文化元素,力求实与新。编排应坚持图文并茂的原则,适合高中学生的认知水平和阅读需求。

5. 就阅读感觉而言,坚持愉悦性原则。从内容到形式,从文字到图片,从版式到色彩,整个文本均应给人以赏心悦目的感觉,以避免阅读疲劳和审美疲劳。

## 五、编写体例

依据学校教学工作实际,本教材拟在高一年级第一学期使用。该学期大约有18个有效教学时间周,每周开课1节,故全书分为18课。初拟课目依次为:雷锋精神,红色传奇,漫地诗风,湘水惊涛,丁字石话,书堂翰墨,桥驿名峰,茶亭塔影,铜官窑火,乔口渔歌,格塘波光,靖港古韵,新康戏乐,王陵传说,洗心梵音,戴公圣庙,民间奇艺,地名方言。

每课后附录2页空白页标明"我的研究成果之x(序号,阿拉伯数字标示):_____",供学生课后研究撰稿之用。

每一课目下,撷取其文化精髓撰文5篇,每篇字数为2000字,每文配附与该文内容密切相关的图片1张。一般情况下,文稿均应由研究者独创,图片均应由研究者拍摄。

所撰文稿标题下应有作者署名,文末应注明参考文献或资料来源。

图片应有作者署名、拍摄时间和地点。

### 六、任务安排

写作任务安排表详见下页《望城地方文化视点》写作任务安排表。

作者可以根据情况跨"课"撰稿,亦可吸纳非本课题组师生撰稿。文稿完成时间为2015 年 3 月 10 日~2015 年 10 月 31 日。

#### 《望城地方文化视点》写作任务安排表

| 课次 | 课目 | 含文篇数 | 每篇字数 | 每篇图数 | 负责人 | 内容提示 |
|---|---|---|---|---|---|---|
| 第一课 | 雷锋精神 | 5 | 2000 | 1 | 李玉上 | 雷锋等 |
| 第二课 | 红色传奇 | 5 | 2000 | 1 | 龚 君 | 郭亮等 |
| 第三课 | 漫地诗风 | 5 | 2000 | 1 | 龚 君 | 古诗等 |
| 第四课 | 湘水惊涛 | 5 | 2000 | 1 | 夏育华 | 杜甫等 |
| 第五课 | 丁字石话 | 5 | 2000 | 1 | 邹寅华 | 雕刻等 |
| 第六课 | 书堂翰墨 | 5 | 2000 | 1 | 杨 扬 | 书法等 |
| 第七课 | 桥驿名峰 | 5 | 2000 | 1 | 杨 扬 | 黑麋峰等 |
| 第八课 | 茶亭塔影 | 5 | 2000 | 1 | 姚 宇 | 惜字塔等 |
| 第九课 | 铜官窑火 | 5 | 2000 | 1 | 姚 宇 | 陶瓷等 |
| 第十课 | 乔口渔歌 | 5 | 2000 | 1 | 刘汉辉 | 渔都风情 |
| 第十一课 | 格塘波光 | 5 | 2000 | 1 | 刘汉辉 | 千龙湖等 |
| 第十二课 | 靖港古韵 | 5 | 2000 | 1 | 刘 杜 | 靖港古镇 |
| 第十三课 | 新康戏乐 | 5 | 2000 | 1 | 刘 杜 | 新康戏乡 |
| 第十四课 | 王陵传说 | 5 | 2000 | 1 | 邱 琼 | 汉王陵 |
| 第十五课 | 洗心梵音 | 5 | 2000 | 1 | 张 婷 | 洗心禅等 |
| 第十六课 | 戴公圣庙 | 5 | 2000 | 1 | 张 婷 | 戴公庙等 |
| 第十七课 | 民间奇艺 | 5 | 2000 | 1 | 邱 琼 | 剪纸等 |
| 第十八课 | 地名方言 | 5 | 2000 | 1 | 李玉上 | 地名等 |

### 七、文稿编排

1. 纸张与文档。纸张采用 A4 纸,文档采用 Word 文档。

2. 页边距设置。上、下分别为 2.54 厘米,左、右分别为 2.8 厘米。

3. 缩进与间距设置。段落首行缩进 2 字符,行距为固定值 20 磅。

4. 文稿字号与字体设置。(1)标题:小二号黑体加粗,占一行居中。(2)作者:标题下小四号宋体,占一行居中。(3)正文:作者下空一行行文,小四号宋体。如有小标题,则一级标题黑体加粗,占一行,序号用"一、""二、"等标示;二级标题黑体加粗,占一行,序号用"1.""2."等标示;三级标题随文用"(1)""(2)"等标示。

5. 图片要求。图片一般应为横向图片,大小请见文稿样式所列的文本框。图片下注明作者、拍摄时间和地点的文字用五号楷体。年月日均用阿拉伯数字标示。

6. 参考文献的格式。如有参考文献,则在所写文稿末尾注明"参考文献"。列举"参考文献"请注意以下要求:

(1)文献类型代号。(此处从略)

(2)编排格式。(此处从略)

**八、其他**

1. 课题组全体成员要以饱满的热情、负责的态度、扎实的作风、朴实的文风、优良的质量在规定的时间内完成所担负的工作任务。望城一中和李玉上语文工作室对课题组成员付出的劳动给予一定的奖励和劳动报酬。

2. 文稿样式详见附录。文稿完成后发至龚君老师 QQ 邮箱:673794987。图片除文稿中的之外,还应发送原始图片。

3. 本方案经课题组成员讨论通过后实施,未尽事宜即时处理。

**附录**

1.《望城地方文化视点》文稿写作要求(此处从略)。

2. 参考文例:

### 唱支山歌给党听
——谈谈文学青年雷锋
李玉上

在人们的印象中,雷锋往往与"中国人民解放军战士""毛主席的好战士""伟大的共产主义战士"等称谓连在一起,殊不知,雷锋还是一个地地道道的文学青年。

他的文学创作之路的起步应该可以追溯到他小学毕业时的发言和给同学的赠言。该发言用几近排比的手法表达了他"耕耘祖国大地"、"建设祖国"和"保卫祖国"的理想,极具文学色彩。他的一些赠言如"平静水,掀不起波浪,显不出它的美丽;平凡人生,不经艰苦奋斗,不能走向伟大"等,也是文字优美且思想深刻。

一部《雷锋日记》,可以看作是他的日记体散文。这部日记体散文全景式地记录了雷锋作为一个青年、一个战士成长进步的心路历程,极具思想价值和文学价值,似乎可以看作当代中国发行最多、流传最广、影响最大的散文著作。

他还创作了若干不为多数人所知的诗歌,如1958年的《南来的燕子啊!》《啄木鸟》《党救了我》,1959年的《荒山荡绿波》《可爱的工厂》,1960年的《穿上军装的时候》《练兵》《一家人》,1961年的《跟着党走》《困难不可怕》,等等。值得强调的是,在他牺牲前8天的1962年8月7日,他写下了《宁愿》一诗。据不完全统计,1958—1962年间,他创作的诗歌有30首。这些诗歌题材广泛,主题鲜明,热情洋溢。

此外,他还创作过2200多字的短篇小说《茵茵》,在1958年3月6日的《望城报》上发表过《我学会开拖拉机了》的通讯,在1960年9月24日的抚顺钢厂厂报《红星报》发表过《积少成多,滴水成河》的报道,等等。

千万不要小看了雷锋的这些作品。要知道,他只有小学毕业、业余完成初中学业的文化程度,根本谈不上受过正规的文学创作教育和训练。能如此锲而不舍地在文学的园地里耕耘,我想,最根本的原因就是,他热爱生活,热爱给予他幸福生活的伟大的党,同时,也是火热的生活和当家作主人的喜悦使他情不自禁地"唱支山歌给党听"。可以说,雷锋是一个"情动于衷而形于言"的文学青年。

作为文学青年,雷锋的梦想是十分真切的。1957年秋冬之际,望城治理沩水的火热的劳动场面深深地打动了他。他说:"我想当作家,把治沩中改天换地的斗争和眼前看到的美景写出来!"后来果然有了写农场新变化的《南来的燕子啊!》等作品。

作为文学青年,雷锋的阅读是十分广泛的。在团山湖农场时,他阅读了不少文学作品,如《邱少云》《董存瑞》《谁是最可爱的人》《钢铁是怎样炼成的》等。当然,他读得最多的还是《毛泽东选集》一至四卷,并且深受其思想和文风的影响。

作为文学青年,雷锋的心态是十分阳光的。他从来就没有显露过丝毫"愁容"。这从我们所能见到的雷锋的相片中可以看出。他永远是一副灿烂的笑脸,全然看不出曾经受苦受难的影子。为什么呢?我们悬想,这应该是他感受到了党给他的幸福、新社会给他的温暖。同时,他能以乐观的心态看待困难,以谦虚的态度对待成绩,以批评与自我批评的武器解剖自己,以昂扬的斗志战胜艰难,以春风般的温暖温暖他人,所以,有人说,看到雷锋像,心里就充满了阳光。

作为文学青年,雷锋的创作是十分勤奋的。他从来就没有停止过放声"歌唱"。这从《雷锋全集》中可以看出。他一直处在笔耕不辍中,日记、诗歌、小说、讲话、书信、散文、赠言等,诸体皆备,质量俱佳。如果不是坚持不懈,长期积累,他就不可能取得这样卓著的成果。以日记为例,从1957年秋天开始到1962年,他连续写了5年多,计有121则,约4.5万字,不说卷帙浩繁,也可算是洋洋大观。

作为文学青年,雷锋的思想是十分深刻的。他常常能以多种形式表达他对人生、对社会,乃至对人类的深刻的认识。例如,"如果你是一滴水,你是否滋润了一寸土地?

如果你是一线阳光,你是否照亮了一分黑暗？如果你是一颗粮食,你是否哺育了有用的生命……"这样的句子,不断地考问人生,强调人应该从小事做起,做那些对他人、对社会有益的事,任何人看了都会为之感动。又如,"力量从团结来,智慧从劳动来,行动从思想来,荣誉从集体来",这样的句子所蕴含的哲理,只怕是一般的哲学家也难以这么言简意赅地道出的。至于那些感恩于党、感恩于社会主义社会的深情表达,更是闪耀着共产主义思想的光辉。

作为文学青年,雷锋的修辞是十分精妙的。他常常能以形象化的语言来表达思想、抒发情感、反映生活。他善于从生活中提炼思想,善于寓抽象于形象之中。比喻、排比、对比等修辞手法的运用可谓比比皆是,如,"青春啊,永远是美好的,可是,真正的青春,只属于这些永远力争上游的人,永远忘我劳动的人,永远谦虚的人！"它套用对比与排比,热情讴歌了拥有真正青春的人的美好情操和宽广胸襟;它胸怀阔达,气势恢宏,语势酣畅,意境高远,可作为一切有志青年的座右铭。

可惜,文学青年雷锋英年早逝,否则,我们还可以读到他更多的"雷锋日记"。

(本文刊发在《校园文学研究通讯》总第 11 期)

## 寄意乾坤远,放歌日月新
### ——记著名楹联艺术家胡静怡
#### 李玉上

"字里行间流荡着一股浩气,句内篇中铺染着一片绮丽,思底意表洋溢着一派新奇,味旨韵外蕴含着一往情深。将天地摇动得舞姿翩翩,把社会人生描绘得如画如诗……这些作品题材广泛,语新韵奇、情深气浩、言近旨远、生动厚实地展现了我们这个新历史时代的风貌,抒发了我们这一代人的鸿鹄情怀,高扬了这个时代的伟大精神,灿焕了多姿多彩的楹联艺术光华。"这是江西井冈山大学教授李争光先生对著名楹联艺术家胡静怡先生联语的评价,我深以为然。只是,我还私下认为,先生为联,寄情天地,放歌日月,凸显于一个"气"字,从而使境界高妙深远,气象新奇摇曳。

一曰恢宏志气。中华志士素有"为天地立心,为生民立命"的责任担当意识以及"士不可以不弘毅,任重而道远"的宏大人生气度,静怡先生于此总是感慨系之,联而语之,其《题宁乡花明楼》联:"沩峰雾净,靳水花明,六字鉴千秋,喜有人民书历史;衡岳云蒸,洞庭波涌,一楼登百尺,好披肝胆对湖山"便是明证。先生写楼写人,写景写事,写时势亦写情势,更于风物人情中彰显忧乐在心胸、肝胆照黎民的宏大情怀。凡观此联,谁不为先生对我大好湖山而欲为之披肝沥胆、鞠躬尽瘁的万丈豪情而热血沸腾呢?"文以气为主,气之清浊有体",先生于此当然不是在"抖"一家之气,而是在观照古今流变、人世沧桑之后承古启今、一吐而成的民族大气。小而言之,这种恢宏志气也体现在先生对艺术的追求中,"醒世文章能镇鬼,醉人书画在传神"一联虽是"题广州醒醉书画院",但也可以看作先生的创作观,其志气不可谓不宏大。

二曰浩然正气。敢于同邪恶势力抗争,这是正气;严于修身能"蝉蜕于浊秽",这是正气;文约辞微、志洁行廉,这是正气;高唱正气歌、传递正能量,这是正气。此四端,先生俱备。然就其创作而言,其正气更体现在对真理的坚守、对立场的坚定和对艺术的坚执。其《为抗震救灾作》一联:"山川崩裂,陷地无情,举十万哀兵,慨我气蒸云梦泽;帷幄运筹,补天有术,献一腔大爱,还他花重锦官城",无疑是在我中华民族面临灾险之时喷薄而出的一首"正气歌"。可是,据说,在某个赛事中,有人不同意"哀兵"一词而要先生改它为"雄兵"始可评奖。先生不愿"屈就于白丁"以更易一字,故"愤而撤稿"。读《怀虹斋联语》至此,有识者谁还不为先生的"正气"点赞呢?观先生创作道路,我明显地看到,无论身处何地、时处何境,先生总能让满腔正气如"皓月一轮辉禹甸","飞身勇越万重山"。

三曰磅礴大气。笔者也曾读过一些联语,其中谙熟章法、中规中矩者有之,合情合理、情景相融者有之,然亦常见吟风弄月、雕词琢句者,更见有气韵枯竭、无病呻吟者。但我读静怡先生联语,总觉得其中回荡着一种磅礴大气。这种大气主要体现在宽广澄澈的胸襟、慷慨激昂的情怀、熔铸古今的视野、高屋建瓴的哲思、雄奇峻拔的意象、别出心裁的构思、精深高远的意境等诸多方面,就算是"轻歌曼舞"之境,也能闻"铁板铜琶"之声。1969年,厄运来临时,先生居然集句为联:"数亩荒园留我住,满身花影倩人扶。"1992年,国运逢春时,先生放声歌唱:"十三年政策归心,农民放胆;九万里丰收醉眼,华夏扬眉。"1994年,纪念魏源二百周年诞辰,先生撰联:"振聋发聩,胆识空前,海国图中,睁大眼睛看世界;革故鼎新,知行启后,古微堂内,呕干心血做文章。"凡此种种,可谓气运酣畅,令人心旗摇荡。

四曰卓越才气。厚积薄发,底蕴深邃才有气韵十足。先生高超的语言驾驭能力着实令人佩服。文论中"精骛八极,神游万里""尺水兴波,窥斑见豹""点石成金,化腐为奇""疾徐自如,言近旨远""精于炼字,工于对仗"等语录用于形容先生的才气是完全不为过的。请看《题鹳雀楼》联:"黄河入海,白日依山,胜景任吟哦,风骚谁嗣王之涣?千里欲穷,一层更上,哲言长感悟,今古人怀鹳雀楼",信手拈来古人句,随心悟彻先哲言,真是机杼自出,熔铸有方。又如《题长沙火宫殿》联:"谁携太白来耶?金谷宴芳园,春夜羽觞宜醉月;休问季鹰归未,火宫罗美食,秋风鲈脍不思乡",将千年前唐之李太白、晋之张季鹰请入联中,天衣无缝地化用李太白序文和张季鹰故事,滴水不漏地凸显火宫殿饮食品位之高端、饮食文化之深远,真是妙笔生花!至于其构思之奇特、夸张之合理、造句之自然、对仗之工整、声韵之铿锵之类的析分,那就更不需我絮叨了,有识者一定很"懂"。

　　先生是名扬四海的楹联艺术家,同时也是诗词高手。"人到稀龄亦快哉,幸存衰朽吐衷怀。欲凭勾股题金榜,却碰诗词挂黑牌。九死一生腰未折,千红万紫笑终开。纵然骨瘦如长笛,但有高音蹦出来。"这是他对自己七十年人生的概括,也是对未来人生的憧憬。他长期从事诗词楹联的创作与研究,获得全国各级诗词楹联大赛奖项 150 多次,被誉为"获奖专业户"。最近我才知道,他原来却是位中学数学教师!

(本文刊发在《长沙诗词》第 42 期)

# 望城一中 2016 年校园文学工作要点

◎ 李玉上

2016 年是学校"十三五"规划工作推进的第一年,本年度的校园文学工作拟从以下四个方面进行:

## 一、充分认识校园文学工作的积极意义

教育使人丰富,文学使人高贵;校园因文学而生动,文学因校园而年轻。校园文学是成就学校品牌发展梦、师生精彩人生梦的有效载体和有力推手,对培养学生文化自觉、文化自信,提升学校文化核心竞争力,对"兴起社会主义文化建设新高潮,提升国家文化软实力",都具有十分重要的意义。通过各种渠道,使全校上下充分认识文学在教育人、培养人、发展人中的重要作用。

## 二、充分明确校园文学工作的指导思想

坚持以"扎实推进社会主义文化强国"为指针,"坚持为人民服务、为社会主义服务的方向,坚持百花齐放、百家争鸣的方针,坚持贴近实际、贴近生活、贴近群众的原则",落实"精深文化,丰富精美校园"的办学策略,繁荣校园文学,建设文学校园,丰富办学内涵,营造精神家园,提高学生素养,提升办学品位,彰显办学特色。

## 三、切实加强校园文学工作的组织领导

成立望城一中文学校园建设领导小组和工作小组。领导小组设组长 1 名,由校长担任。设副组长 7 名,由书记、副校长、工会主席、团委书记和语文组长担任;设成员 7 名,由办公室、教务科、教科室、学生科和年级组负责人担任。成立工作小组,具体负责本项工作。设组长 1 名,由负责德育工作的副校长担任;设副组长 2 名,由团委、语文组负责人担任,协助副组长开展工作;设成员若干名,由文学社负责人、校报主编、网管和班主任担任,具体落实本项工作。

**四、切实落实校园文学工作的具体措施**

一是完善工作机制,形成齐抓共管、共同参与的工作运行机制。二是加强文学教育,大力开展文学经典阅读、文学讲座等活动。三是加强文学创作,大力开展创作竞赛、作文竞赛等活动,积极向市级以上刊物投稿。四是加强文学研究,以校园文学为主要研究对象,大力开展文学研究活动。五是加强文学联谊。以文学为媒,广泛联系省市区作家协会、兄弟学校或单位开展文学活动。六是办好校报校刊。校报《望城一中》争取每 2 个月出版 1 期,文学社刊《白色鸟之歌》争取每 3 个月出版 1 期,校园网要开辟文学专栏。七是出版作品专辑,辑录优秀文学作品予以出版。

(本文呈报到中国当代文学研究会校园文学委员会)

# "白云万里独归乡"
# 2017年征文竞赛工作实施方案

◎ 李玉上

### 一、指导思想

推进"望城地方文化研究"工作,促进《望城地方文化视点》的教学运用,让学生在"望城地方文化研究"中增强对家乡文化面貌的认识,提高学生的文化感知力,培养学生记住乡愁、热爱家乡的感情,锻炼学生的写作能力。

### 二、组织单位

本项工作的主要组织单位为李玉上语文工作室和共青团望城一中委员会。参赛单位为望城一中、望城职中、黄金中学、乔口中学、向阳中学、育红中学、东城中学。李玉上语文工作室负责本项工作的总体策划、命题制卷等全部工作。共青团望城一中委员会主要负责望城一中学生征文的具体工作。两个单位密切配合,共同完成本项工作。需要班主任、任课教师支持的,由共青团望城一中委员会负责联系。

### 三、命题制卷

征文命题和试卷设计由李玉上语文工作室首席名师完成。望城一中学生的试卷制作由共青团望城一中委员会完成,望城职中、黄金中学、乔口中学、向阳中学、育红中学、东城中学学生的试卷制作由各学校完成,但不得改变试卷形式。有多少学生参赛制作多少份试卷。试卷应双面印制,不得浪费纸张。

### 四、时间对象

征文活动的大致时间范围为2017年12月15日—2018年1月10日。2017年12月25日前完成文稿征集工作。2017年12月30日前完成评卷划等工作。2018年1月10日前完成全部工作。参赛对象:望城一中为全体学生,望城职中、黄金中学、乔口中学、向阳中学、育红中学、东城中学为李玉上语文工作室成员所教班级或所在学校学生。

### 五、撰文征稿

学生根据话题"白云万里独归乡"在试卷上撰文。文稿必须原创。高中、职中学生每文 800 字左右,初中学生每义 700 字左右。撰文形式为开卷,自主写作。文稿文体要采用诗歌、散文、小说、戏剧的一种,其中诗歌类不少于 30 行。望城一中文稿由共青团望城一中委员会收集,其他学校文稿由李玉上语文工作室成员收集。文稿收集后要填写好"'白云万里独归乡'征文竞赛情况登记表",将"文"和"表"一并提交到李玉上语文工作室。

### 六、评卷划等

评卷划等由李玉上语文工作室完成。每两人一组评卷,一人主评,一人辅评,意见相差较大(正负超过 3 分)时,取两者平均值。注意在"评卷人"栏内签字,主评签名在上,辅评签名在下。注意在试卷和"'白云万里独归乡'征文竞赛情况登记表"中分别登记分数。评分分普高、职高、初中三类进行。要从"赋分"表的立意、结构、语言、创新、卷面等的分数分布情况给分。不计小数分。计分范围大致为:一等 100—90,二等 89—80,三等 79—70,其他 69—60。每类按参赛人数的 2:2:3:3 的比例划分一等、二等、三等和其他等第,划等时从高分到低分进行。每类按 2:2:3:3 的比例划分一等、二等、三等、不获奖等第,划等时从高分到低分进行。

### 七、总结表彰

评卷划等工作完成以后,由共青团望城一中委员会制作奖励证书,奖励证书分参赛学生和组织参赛的教师两类。参赛各单位自行组织颁奖活动。在颁奖活动中,各参赛单位要从参赛热情、参赛人数、文稿质量、工作成效等方面进行全面总结,也可以有所侧重。特别要联系"望城地方文化研究"工作总结得失,为研究工作提供第一手材料。

### 八、编辑成书

遴选优质文稿 150 篇左右(必要时,在保持原貌的情况下可做适当修改),连同李玉上语文工作室"望城地方文化研究"课题组成员撰写的课题研究文稿汇编成《白云万里独归乡——望城地方文化研究之教学成果》(暂名)一书,视情况或以望城一中文学社刊《白色鸟之歌》(增刊)的形式印发给参赛各单位。2018 年 1 月 30 日前完成。特别优秀的文章向有关刊物推荐。

以上工作未尽事宜由李玉上语文工作室和共青团望城一中委员会再行商定。

附录:"'白云万里独归乡'征文竞赛情况登记表"(此处从略。项目有所在学校、所在班级、作者姓名、文章标题、指导教师、得分等等)。

# 望城地方文化研究

—— WANG CHENG DI FANG WEN HUA YAN JIU

◇◇◇ **工作推进**

任务在肩，唯有前行／李玉上

严肃认真，精益求精／李玉上

充分认识地方文化进校园的重要意义／刘汉辉

……

>>>

# 任务在肩,唯有前行

## ——在望城一中"校园文学与地方文化类语文校本课程教材开发研究"开题暨"望城地方文化研究"第一次研讨会上的讲话

◎ 李玉上

"校园文学与地方文化类语文校本课程教材开发研究"是中国教育学会中学语文教学专业委员会、中国当代文学研究会校园文学委员会立项的重点课题"校园文学与语文校本课程教材开发研究"子课题,由我校李玉上语文工作室承担。依据有关要求,我们将该课题具体定位为"望城地方文化研究"。作为课题组负责人,我还想借此机会跟大家讲几点意见,供大家参考。

### 一、要凸显"研究者"的身份

平时,我们讲,教师既是教育者、教学者又是教育教学的研究者,其侧重点往往在教育、教学,而所谓"研究"则是不定时的、无系统的,就算有所"研究",那也往往停留在写写教育教学总结、写写教育教学论文,谈不上真正意义上的"研究",因为它"研究"的往往是"点",顶多也只是"线",而不是"面",不是"体"。现在,我们承担了"望城地方文化研究"的研究任务,那么我们就要把"研究者"的身份凸显出来,也就是要"牢牢把握校园文学与地方文化类语文校本课程教材开发研究的依据","高度认识校园文学与地方文化类语文校本课程教材开发研究"的意义,"充分利用校园文学与地方文化类语文校本课程教材开发研究的条件","严格执行校园文学与地方文化类语文校本课程教材开发研究的策略",从"游击队战士"转化为"正规军战士",系统地进行"望城地方文化研究"的研究。这种研究,要有理论的高度、视野的广度、思想的深度,以及行动的速度。简单点讲,就是要时刻不忘自己的研究任务,不断推进自己的研究行动,并高质量地完成自己的研究任务。

### 二、要突出"行动者"的风度

既已开始研究行动,那么我们就是"行动者"了。"行动者"的行动有健步如飞也有漫步似游,有行之有效也有劳而无功。不言而喻,我所期望的是"健步如飞"和"行之有效"。拿当前的工作任务来看,我们要做的是编写《望城地方文化视点》这本校本教材,如果没有"健步如飞"的风度，没有"行之有效"的成效，恐怕很难在规定的时间内完成任务，而这个任务不能如期完成，那么下一步开始"望城地方文化研究"课程的工作就无法实施。所以，我在这里要特别强调"健步如飞"和"行之有效"。所以，我还得强调"望城一中'校园文学与地方文化类语文校本课程教材开发研究'课题研究实施方案"中的那句话："全体成员都要以强烈的责任感和使命感对待本项工作，以满腔的热情、无私的精神，千方百计，从精力和时间上保障按时优质完成本项工作。"当然，我讲的"健步如飞"不是一味地追求速度，而是要"又好又快"。

### 三、要强调"写作者"的细致

要写作《望城地方文化视点》，我们当然就是"写作者"了。作为一个写作者，除了要符合其他方方面面的要求之外，"细致"则是需要强调的一个非常突出的要求。写作，有选材、立意、结构、语言、格式等诸多方面的因素需要我们考虑，如果不细致，那么就会不是这里出问题就是那里出问题。就《望城地方文化视点》而言，大到一则材料意义指向的确定、一篇文章整体结构的安排，小到一个词语句子的敲定、一个标点符号的使用，都需要我们细而又细。这些道理大家都懂，我不多说了。要强调的是，请大家一定按照"《〈望城地方文化视点〉编写方案》"中"编写体制"的要求，在页边距设置、缩进与间距设置、字号字体设置、图片设置及其说明、参考文献的标示格式等方面严格落实相应的要求。另外，按照"细致"这个要求，我估计，"《望城地方文化视点》写作任务安排表"中的"课目"标题可能还会有调整的地方，到时我再通知大家。

### 四、要重视"同行者"的互援

我们是一个团队，所有的人都是"同行者"，我们每一个人都不是"天上知一半，地上全知"的天才，更何况"望城地方文化"对我们而言是一个"全新"的领域，这就需要我们"互援互助"，不搞"单打独斗"。一是要多交流、多沟通，比如，在确定某个"课目"下的"篇目"时，要多征求其他老师的意见，尤其是要征求课题组负责人的意见，等大家意见一致时才确定写什么。二是要多奉献、多分享。比如，我在参阅我写的内容的材料时，发现对你有用的材料，我就及时将材料发送给你参考，这样，我们的工作才会出现"团队作战"的生机勃勃的局面，也能体现课题组集体"同行"的"温暖"，增强我们"行动"的力量，是不？

任务在肩，唯有奋力前行。相信大家能如期完成任务。

（本文发表于《校园文学研究通讯》总第 11 期）

# 严肃认真，精益求精

## ——在"望城地方文化研究"研讨会第二次会议上的讲话

◎ 李玉上

**第一部分：《望城地方文化视点》编写中应该注意的几个问题**

2015年3月28日，我校被中国当代文学研究会校园文学委员会、中国教育学会中学语文教学专业委员会"校园文学与语文校本课程教材开发研究课题组"（以下简称"总课题组"）正式批准为"校园文学与语文校本课程教材开发研究"实验学校。根据总课题组的安排和学校工作实际，我校已于2015年3月成立了"望城一中'校园文学与地方文化类语文校本课程教材开发'课题组"（以下简称"子课题组"），制定了"望城一中'校园文学与地方文化类语文校本课程教材开发'课题研究实施方案"和《望城地方文化视点》编写方案。

当前的主要任务是：抓紧时间，确保质量，力争在2015年10月底以前完成校本教材《望城地方文化视点》的编写。对此，我们今天召开专题会议，请大家切实注意解决以下几个问题。

### 一、写作任务的问题

2015年4月16日，我们给大家下发了"关于调整《望城地方文化视点》写作任务安排的通知"，写作任务安排表中的"课目"有所变化："茶亭塔影"→"原野塔影"，"王陵传说"→"校园风采"，"洗心梵音"→"企业心声"，"戴公圣庙"→"寺庙清音"。写作任务安排表中的"负责人"也有所变化："红色传奇"由龚君改为李玉上，"企业心声"由张婷改为李玉上，"民间奇艺"由邱琼改为李玉上。这样做，虽然增加了子课题组负责人的任务，但是减轻了子课题组部分成员的任务，有利于减轻任务的成员集中时间和精力搞好工作。调整以后，有些内容也发生了变化。一类是新增内容，"王陵传说"被"校园风采"取代，那么"王陵传说"就不要写了，要写的是"校园风采"；还有"企业心声"也是这样。一类是合并内容，"洗心梵音""戴公圣庙"被取代后，归到"寺庙清音"中，意味着"洗心梵音"和"戴公圣庙"只能作为"寺庙清音"的组成部分。一类是扩大内容范围，"原野塔影"意味着要写的不再仅仅是茶亭的塔，而应该是遍搜望城土地上的塔，或单独介绍,或整体扫描。

另,请在每一"篇目"后附设一道与该"篇目"内容密切相关的具有"研究性"特征和意义的"【拓展研究】思考题",以供读者研究。字数在 45~70 字之间。这个问题我会另外专门讲。

## 二、选材方向的问题

雷锋精神、红色传奇、漫地诗风、湘水惊涛、丁字石话、书堂翰墨、桥驿名峰、铜官窑火、乔口渔歌、格塘波光、靖港古韵、新康戏乐、校园风采、企业心声、原野塔影、寺庙清音、民间奇艺、地名方言等 18 个"课目",其主题是相当明确的。写作时要切实注意材料的选择。

选择的标准就是必须具有典型性和代表性,必须适合"高一学生"这一读者对象,必须符合社会主义核心价值观。例如,在写"雷锋精神"这部分时,它的可写范围十分广泛,但我选择的是"雷锋精神的内涵""有理想的雷锋""爱学习的雷锋""爱文学的雷锋""望城人民是怎样学雷锋的"等 5 个方面的材料。又如,"企业心声"要写的是企业文化,我拟选择的企业将涵盖机械制造、有色金属、食品加工、商贸服务等方面,其中既有民营企业也有国有企业,既有内资企业也有台资企业,既有大企业也有小企业,这样就体现了代表性。再如,"校园风采",可以选择望城一中、二中、六中、职中外加一个初中或小学作为对象,从办学理念、办学目标、校训、校歌、校风、教风、学风等方面去展示其校园文化特征。

## 三、确定主题的问题

这里讲的主题是指"课目"下"篇目"的主题。大家知道,我们每一"课目"下有 5 个"篇目",那么这个"篇目"的主题的确定首先要符合"课目"的主题,不能游离于"课目"主题之外,而篇目的主题必须是既独立又互相联系的。以"民间奇艺"为例,很明显,这个"课目"的主题是"民间奇艺",下面我写的几个"篇目"的主题则分别为:陶艺的、剪纸的、楹联的、书画的和泥塑的。这样,就从几个不同的方面展现了"民间奇艺"这一主题。这是其一。

其二,所有"篇目"的主题一定要符合"望城地方文化"这个大主题。比如,"企业心声""校园风采"等,可能会涉及企业的经济指标和学校的升学率之类的东西,但我们要展现的是企业文化和校园文化,这个时候,重点就要朝这方面突出,不能主次不分。

其三,所有"篇目"的主题一定既要有望城共性又要有作者个性。即以作者独特的眼光来观察望城地方文化现象,发现望城地方文化因子,个性化地表述望城地方文化内容及其特征,不能人云亦云。

## 四、内容详略的问题

"课目"内容的详略我们在《望城地方文化视点》编写方案中已经明确了,这里要讲的是"篇目"内容的详略。首先要遵循"该详则详,该略则略,详略得当"的原则,这个大家应该明白,我不多说。要说的是,每一"篇目"如果所写对象是同类的,那么,每一对象的篇幅应该是相同的,不能有的长有的短,给人以"厚此薄彼"的嫌疑印象。特别不能出现"头重脚轻""该详不详、该细不细"等现象。这是其一。

其二,一个"篇目"之内,也要注意详略,讲究均衡。比如,我写的《雷锋精神·像雷锋那样》,除去开头和结尾,中间写了学雷锋"重在集体行动""重在自觉奉献""重在勇于承担"等8个方面,它们在篇幅上是基本相同的,这样就保持了行文的均衡性。这是显性的均衡,还有隐性的均衡。又如,我写的《地名方言·赋予地名人文内涵,凸显地名人文价值》的第一段和第二段中关于"太阳岛"和"月亮岛"的比较性介绍和议论,篇幅上是基本相同的,入题的角度也是基本一致的,这样就保持了介绍和议论的均衡性,从而使比较后的结论具有说服力。

### 五、文献使用的问题

写地方文化,必然会涉及有关文献。对此,我们要注意以下几个问题:

第一,要尽可能地遍览文献,力争综合各种文献以综合反映所写对象。例如,在写《雷锋精神·唱支山歌给党听》时,我看过的文献有《湖南雷锋纪念馆·雷锋事迹陈列解说词》《中国共产党望城县历史》《有一个地方叫望城》等,还有地方报刊、网络媒体的资料,在此基础上,"文学青年"的雷锋,才得到较为全面的反映。

第二,要善于使用文献,要能将文献信息消化后再输出。例如,在写《红色记忆·河西叶魁:敢同鬼斗》时,我突出叶魁敢于斗争的特征,有些文献中大篇幅写的内容在我这里也就是一笔带过,有些则尽量保留原有信息。同时,我们要尽量用自己的语言来进行表述,不能照搬照抄原有文献。

第三,要准确注明所参考过的文献,要符合参考文献表述的基本格式。这里,可以有两种方式:一是在文末独立成行居右注明"(资料来源:《×××××》)",作为该文的组成部分;一种是在书末统一注明,但每篇的文末都要按照《望城地方文化视点》编写方案中的要求注明,以便成书时统一标注。

### 六、考察采风的问题

为获取第一手资料,我们提倡并要求作者进行实地考察采风、调研访问。在这个过程中,大家第一要注意行车安全。第二,要明确目的,抓住重点,不要以为这是出去"看风景"。第三,要做好准备,不能"一张白纸"就开始行动了。比如,我写《民间奇艺·寄意乾坤远,放歌日月新》,采访的对象是胡静怡先生,他的诗词楹联都是很有名的,但是我的重点是要写他的楹联"奇艺",所以,采访时,话题总是围绕"楹联"这个关键词,有哪些名联啦,有哪些关于楹联的观点啦,楹联创作的道路是怎样的啦,有哪些关于他的楹联创作的评论啦,等等,这样一来,重点就突出了,写起来也就方便了。第四,要注意在采访过程中拍摄相关的图片：一是和采访对象的图片，这种图片是要放入《望城地方文化研究》一书中的；二是与"篇目"内容密切相关的图片，这种图片是要放入《望城地方文化视点》一书中的，都不能缺，都要"美学"一点。第五，要注意记录考察采风的日期、对象、里程，以为备用。第六，严于自律，不得收取任何费用，不得接受采访对象的馈赠和宴请，如遇误餐，请自行解决，这是纪律要求，必须遵守。

**七、写作进度的问题**

思想上要高度重视。我们学校真正意义上的校本课程教材开发，这应该算是第一次，完成这项工作应该是具有划时代的意义的。学校领导对此十分重视。总课题组颁发给我们的"实验学校证书"列举了我们的"申报项目""批准号""申报负责人"，当然也列举了每一个"主要研究成员"的姓名。总课题组负责人王世龙、王光第同志 2015 年 4 月 13 日莅临我校指导工作时对我们子课题组业已开展的工作给予了高度的赞赏，同时对将来的工作也寄予了殷切的期望。因此，这项工作，只能成功，不能失败。

行动上要积极迅速。所有的工作现在就要开始，时时要想着，天天要做着，千万不要以为可以等到暑假再来做，如果不积极主动，只怕到了暑假又会说等到下期开学再来做。"篇目"一天没出来就意味着任务一天没完成。所以大家务必迅速行动。同时，请大家在写作前跟子课题组负责人多作探讨，以免做无用功。特别是"篇目"对象的确定、"篇目"主题的确定等事先应向子课题组负责人汇报，征得同意意见，以免写作时"撞车"。

老师们，万事都有难处，万事都在人为，希望大家快速行动，积极作为，切实保证《望城地方文化视点》编写工作的如期完成。

我先讲到这里吧，大家有什么意见和建议，或者有难处的地方（不要讲时间上的困难），请畅所欲言。

**第二部分：《望城地方文化视点》【拓展研究】思考题的命题要求**

关于"《望城地方文化视点》【拓展研究】思考题"，在《望城地方文化视点》编写中应该注意的几个问题中，我已经提到：在每一"篇目"后附设一道与该"篇目"内容密切相关的具有"研究性"特征和意义的"【拓展研究】思考题"，以供读者研究。现在将有关具体要求跟大家说一说。

**一、要注意命题的针对性**

也就是要注意"在每一'篇目'后附设一道与该'篇目'内容密切相关"的"【拓展研究】思考题"，凡不是与"课题"主题和"篇目"主题"密切相关"的思考题都不能要。这是保障读者认真阅读《望城地方文化视点》的需要，也是保障学生以《望城地方文化视点》思考的思维出发点的需要，更是保障学生找到研究切入点、认真研究"望城地方文化"的需要。

例如,关于雷锋精神内涵的十大关键词,我的思考题是:雷锋精神的内涵十分丰富,请你认真阅读"雷锋日记",广泛了解"雷锋事迹",进一步挖掘雷锋精神的内涵。应该说这个题目是十分具有针对性的。其目的在于告诉学生雷锋精神的博大精深,引导学生去阅读雷锋日记、学习雷锋事迹,以独特的眼光去发掘雷锋精神。

### 二、要注意命题的拓展性

也就是不能拘泥于"篇目"的具体内容,要给学生以延伸拓展、思考研究的空间。或者提供一个启示,或者指明一个方向,这都是好的做法。这种拓展,有利于丰富《望城地方文化视点》的研究视域。

例如,针对"红色记忆"这一"课目",我给出的其中一道思考题是:你知道本课内容以外大革命和土地革命时期望城人民的斗争事迹吗? 请做些调查了解,然后把它写出来,并讲给大家听。大革命和土地革命时期,望城还有很多人和事值得大书特书,但限于体例和篇幅,我们无法逐一记述,所以,我就用这种方式来让学生进行"拓展"补充。

### 三、要注意命题的文学性

也就是我们的命题要在"校园文学与地方文化类语文校本课程教材开发研究"这个课题的范围内进行,一方面要突出"地方文化"特色,另一方面更要突出"校园文学"特色。怎么才能保证这一点呢? 就"思考题"而言,我们应该明确:一要让学生写起来,二要给学生明确写作的"文体"。当然,这种"文体"可以是"文学范畴"的文体,也可以是"写作范畴"的文体。这样,就把"校园文学"、"地方文化"和"语文"这三个要素结合起来了。所以每一道题的后面一定要加上"文体"要求。

例如,针对望城"方言",我给出的一道题目是:现在我们班要组织一场"在全面推广普通话的今天,方言还有存在的必要吗?"的辩论赛,请你选取一方观点加以阐述。请写成辩论词。辩论词可以写得很"文学",所以,我就这么做了。

### 四、要注意命题的简练性

也就是语言表述要简洁明了、切中肯綮,不要絮絮叨叨、啰啰唆唆。在《望城地方文化视点》编写中应该注意的几个问题中,我规定了"思考题"的字数在 45~70 字之间,这只是形式上的要求。提这个要求的目的在于:保持"思考题"篇幅的统一,给人以"体例一致"的感觉。

例如,"红色记忆"这一"课目"下,我的 5 道命题的字数分别为 55、65、64、59、57,都没有超出上述要求的范围。其中的第 1 题是这样的:课外阅读著名作家周立波的短篇小说《湘江一夜》,然后结合有关史实,谈谈你对"南下支队"的认识。请写成小论文。

这里要求学生做三件事:读小说,查史实,写论文。前两件事是后一件事的基础和条件,后一件事是前两件事的目的和结果,这样,读书、读史和写作就结合起来了,内容丰富而表达简明。

**五、要注意命题的多样性**

也就是命题不能拘泥于一两种形式。有的可以是理论探讨性的,有的可以是实践操作性的;有的可以是通过阅读来完成的,有的可以是通过调查来完成;有的可以是通过"文本"来呈现成果的,有的可以是通过"实物"来呈现成果的。这样做,可以丰富学生的研究活动,使学生得到多方面的锻炼。

例如,我在"红色记忆"这一"课目"下的5道题(此处从略)中是这么做的:有要作思考、谈认识写小论文的,也有要作调查写小故事或小小说的,还有要通过采访座谈等方式写解说词的。应该说,它是具有一定的形式多样性的。

最后,还要明确一个要求:就是注意在每一"课目"的最后一个"篇目"的末尾依"篇目"次序附上"【拓展研究】思考题";将"【拓展研究】思考题"设为小四号黑体加粗,单独成行;"思考题"每题单独成段,次序用阿拉伯数字标示。

**第三部分:关于《望城地方文化视点》的图片采录**

《望城地方文化视点》每个"篇目"中都要使用图片一张,其目的是为了增强文本内容的直观性和地方性,同时也是为了体现"望城地方文化研究"课题的过程性和实践性以及增强文本阅读的多样性和愉悦性,所以我们不能有任何的敷衍。下面我就《望城地方文化视点》的图片采录问题谈些意见,供大家参考。

**一、坚持实地拍摄**

实地拍摄图片有几个好处,一是体现我们的材料是来自我们自己的,二是体现我们的材料是独特的,三是体现我们的研究过程是实实在在的。所以,希望大家要不辞辛苦,坚持实地拍摄。拍摄可以随时进行,也可以事先计划好,集中时间进行。例如,我已经完成的"雷锋精神"这一"课目"下的5张图片基本上是在同一天拍摄的;《民间奇艺》中的图片则是在采访过程中随访拍摄的。有些实在是一定需要但又实在是无法实地拍摄的图片可以采用有关文献资料,但必须对来源加以详细说明,如《毛泽东与望城》一文中使用的"1959年6月27日,毛泽东视察望城曹家坳",采用的是长沙市望城区政协文教卫体委员会编著的内部资料《望城记忆》,这是因为我实在不可能现场去拍摄一张"毛泽东与望城"的图片。

**二、突出图片主题**

图片也是有主题的。我们所需要的图片的主题就是"篇目"的主题,换句话说,就是图片的内容要与"篇目"的内容密切相关。例如，《寄意乾坤远，放歌日月新》中我使用的是胡静怡先生撰、颜家龙先生书的长沙火宫殿正门石牌坊联语图片，其旨在于突出该联的地位和该联的意义。再如，《诗题红叶，玉中蓝田——望城地名由来摭谈》中我使用的是 2015 年 4 月 1 日在雷锋大道望城区与岳麓区交界处拍摄的《雷锋故乡欢迎您》的图片，它突出了两个内容：剪纸特征的雷锋塑像和"雷锋故乡欢迎您"的石碑，从而突出了"望城"的地方特色。还如，《痴于书画，醉于乡情》中我使用的图片是《洞天福地》，该图片是该文所写对象的代表作之一，现悬挂于望城区行政中心大厅，这就突出了所写对象的艺术成就。

### 三、力求画面精美

图片画面要精美，要能给读者以美感。这就需要我们拍摄时在取景、构图、用光等方面狠下功夫，不能随随便便拍一张了事。例如，《唱支山歌给党听》一文使用的《矗立在望城区的学雷锋宣传标牌》，那标牌和周围的建筑比较起来根本谈不上"矗立"，怎么办？我只能多角度、多距离拍摄，然后从所摄的 20 多张图片中选定一张。又如，前面讲到的《雷锋故乡欢迎您》那张图片，构图完成后，我等了很久才拍到较为满意的，为什么？因为雷锋大道当时车来车往，一下在画面中出现的是脏兮兮的货车，一下在画面中出现的是拖着小菜的三轮车，要不就是横穿马路的电动车，这样的东西进入图片，会给人什么感觉呢？所以，我在这里强调"精美"。其具体标准是什么？大家应该懂。我就一个要求：看着"爽"行。

### 四、注重清晰说明

每一张图片下要有说明，内容包括：（1）图片的标题，作为一行，附着在图片的左下方，字体为加粗的楷体，字号为五号。（2）图片"作者+时间+地点"，表述为"某某某某年某月某日摄于某地"，字体为楷体，字号为小五号，位置在图片标题下一行居右；如果是翻拍的图片，则表述为某某某某年某月某日翻拍于《××××》或某地。所拟图片标题必须符合图片内容、"篇目"主题或"课目"主题，重在对图片进行说明，不一定要搞得很"文学"，所以要"重实轻虚"，不要"云里雾里"。

### 五、规范图片大小

一是要保障图片的像素，二是要保障图片的尺寸。图片像素越高越好。图片尺寸我只能这样描述：A4 纸状态下，打印出来的、横向的图片大小为 11.0cm×7.4cm；简单点说就是请大家使用我发的《望城地方文化视点》编写方案中的"望城地方文化视点文稿样式"中的文本框就是了。图片的位置一律在每一"篇目"首页，详细情况请参考"望城地方文化视点文稿样式"。如何设置，请看我的示范操作（具体内容此处从略）。

图片是《望城地方文化视点》的重要组成部分，与文字表述有互为呼应、相得益彰的效果，请大家一定严肃对待，认真对待，精益求精。

# 《望城地方文化视点》写作任务调整表

◎ 李玉上

| 课次 | 课目 | 每课篇数 | 每篇字数 | 每篇图数 | 负责人 | 内容提示 |
|------|------|----------|----------|----------|--------|----------|
| 第一课 | 雷锋精神 | 5 | 2000 | 1 | 李玉上 | 雷锋等 |
| 第二课 | 红色传奇 | 5 | 2000 | 1 | 李玉上 | 毛泽东等 |
| 第三课 | 漫地诗风 | 5 | 2000 | 1 | 龚君 | 古诗等 |
| 第四课 | 湘水惊涛 | 5 | 2000 | 1 | 夏育华 | 杜甫等 |
| 第五课 | 校园风采 | 5 | 2000 | 1 | 邱琼 | 一中等 |
| 第六课 | 企业心声 | 5 | 2000 | 1 | 李玉上 | 黑金刚等 |
| 第七课 | 原野塔影 | 5 | 2000 | 1 | 姚宇 | 惜字塔等 |
| 第八课 | 寺庙清音 | 5 | 2000 | 1 | 张婷 | 洗心禅寺等 |
| 第九课 | 民间奇艺 | 5 | 2000 | 1 | 李玉上 | 剪纸等 |
| 第十课 | 地名方言 | 5 | 2000 | 1 | 李玉上 | 方言等 |
| 第十一课 | 丁字石话 | 5 | 2000 | 1 | 邹寅华 | 麻石雕刻等 |
| 第十二课 | 书堂翰墨 | 5 | 2000 | 1 | 杨扬 | 欧阳询等 |
| 第十三课 | 桥驿名峰 | 5 | 2000 | 1 | 杨扬 | 黑麋峰等 |
| 第十四课 | 铜官窑火 | 5 | 2000 | 1 | 姚宇 | 铜官窑等 |
| 第十五课 | 乔口渔歌 | 5 | 2000 | 1 | 刘汉辉 | 渔都风情等 |
| 第十六课 | 格塘波光 | 5 | 2000 | 1 | 刘汉辉 | 千龙湖等 |
| 第十七课 | 靖港古韵 | 5 | 2000 | 1 | 刘杜 | 古镇风情等 |
| 第十八课 | 新康戏乐 | 5 | 2000 | 1 | 刘杜 | 戏乡风情等 |
| 第十九课 | 白箬新村 | 5 | 2000 | 1 | 李玉上 | 光明村等 |
| 第二十课 | 乌山秀色 | 5 | 2000 | 1 | 龚君 | 乌山等 |

# 充分认识地方文化进校园的重要意义

## ——以"望城地方文化研究"为例

◎ 刘汉辉

习近平总书记在十九大报告中指出:"文化是一个国家、一个民族的灵魂。文化兴国运兴,文化强民族强。没有高度的文化自信,没有文化的繁荣兴盛,就没有中华民族伟大复兴。"可见,文化与文化自信对国家和民族具有极其重要的意义。地方文化作为文化的组成部分,自然不能被忽视。加强地方文化教育,让地方文化走进中小学校园,使之成为学校教育的重要组成部分,自然也有极其重要的意义。

### 一、有利于丰富德育内涵

为深入贯彻落实立德树人根本任务,加强对中小学德育工作的指导,2017 年 8 月教育部印发《中小学德育工作指南》(后文简称《指南》),明确中小学德育内容包括理想信念教育、社会主义核心价值观教育、中华优秀传统文化教育、生态文明教育、心理健康教育等 5 个部分。将地方文化引入学校德育过程,积极挖掘地方文化深厚的德育意蕴,主动将地方文化引入学校德育课堂,积极开发校本课程,为学生提供更多生动而丰富的地方文化学习内容,通过拓宽实践环节,让学生亲身感受地方文化魅力等,都是发挥地方文化在德育过程中的作用,丰富学校德育内涵的有效之举。

以望城为例,我们有影响全国甚至是全世界的雷锋,他的精神是中华民族传统美德的一种积淀,是一种随着时代进步而不断发展的与时俱进的精神。雷锋那种全心全意为人民服务,把有限的生命投入到无限的为人民服务中去的精神,那种干一行爱一行,立足岗位艰苦奋斗的敬业精神,那种对同志、对群众像春天般温暖,舍己为人、助人为乐的精神,都是在实现中华民族伟大复兴中必须大力发扬和倡导的。我们从"有精神的雷锋""有理想的雷锋""爱学习的雷锋""爱文学的雷锋""望城人民是怎样学雷锋的"等 5 个专题进行宣讲,围绕"雷锋精神引领品格教育"这根主线开展诸如黑板报、手抄报、歌曲比赛等形式开展活动,让新时期雷锋不断涌现,第五届全国道德模范见义勇为奖获得者周美玲就是望城区茶亭镇的一位小学生。当然我们还有屈原、贾谊、杜甫、曾国藩等历史名家故事,有毛泽东、郭亮、叶魁、刘畴西等革命先辈的红色传奇,有柔软的诗行典籍,有沉淀岁月的铜官陶艺、有神奇的书画剪纸、有咿呀哼唱的地方戏曲,等等,它们是对《指南》中提出的"继承革命传统、传承红色基因……深入开展爱国教育……加强中华优秀传统文化教育……"等德育内涵的不断丰富。

地方文化又是学校重要的德育资源。各地的本土文化历来是当地学校德育过程的潜在材质,具有潜在的德育功能。尤其是那些历史悠久、文化底蕴深厚的地区,地方文化更是学校取之不尽,用之不竭的宝贵德育资源,在施行德育教育时更具有明显优势。学校通过营造地方文化氛围,充分发挥地方文化资源在学校德育中的特殊功效,营造健康向上的育人环境,通过环境感染人、影响人、塑造人,能够营造一种全面的、良好的校园育人环境和社会育人环境,通过各种行之有效的途径、丰富多彩的内容,能够积极营造文明和谐、健康向上的文化氛围,陶冶师生情操。例如,笔者所在的乔口中学文化布置就充分利用了乔口地方特色,以"国学乔口"为主题,挖掘以屈原、贾谊、杜甫为代表"三贤"精神,突出"鱼"与"莲"的主要画面,营造出学校积极向上、地方特色鲜明的校园文化氛围。

"历史是永恒的建设性的道德遗产。"这是教育家杜威说过的一句名言。传统的德育形式多以老师的说教为主,缺乏创新。孩子们接受的教育内容具有相同性,缺少了独特的东西,而地方文化的介入将大大地改变这一传统模式,因为地方文化素材是学校德育活动取之不尽的知识宝库,是课堂上无法学到的文学、艺术、历史、地理、宗教、建筑等方面知识的补充,地方文化的精髓加强了德育的渗透,有助于孩子们逐步形成正确的世界观、人生观,培养健康人格,从而达到德育无痕化的最高境界。

**二、有利于培养家国情怀**

《指南》在实施途径和要求中指出:用好地方和学校课程。要结合地方自然地理特点、民族特色、传统文化以及重大历史事件、历史名人等,因地制宜开发地方和学校德育课程,引导学生了解家乡的历史文化、自然环境、人口状况和发展成就,培养学生爱家乡、爱祖国的感情,树立维护祖国统一、加强民族团结的意识。地方文化是一个地方经过长期的重复和积淀而形成的本土民间文化,它的创造者是民众,传承者也是民众,它是一个地方社会生活中普遍存在而又隐藏不露的一种社会规范,是一种与所有人生活最贴切、感情最亲切、行为最切近的特殊教育方式,所以,每个青少年的成长都会从祖辈、父辈那里或在日常生活中耳濡目染地接受其德育熏陶。

但有学者指出,近些年我们年青一代与生养、培育自己的这块土地似乎不再亲近,在认识,情感,以至心理上的疏离、陌生越来越严重了。钱理群先生在《贵州读本》中谈到这种情况并说:"这不仅可能导致民族精神的危机,更是人自身存在的危机:一旦从养育自己的泥土中拔出,人就失去了自我存在的基本依据,成为'无根'的人。所以开展地方文化进校园,让孩子们认识你脚下的土地,这是一个重大的教育课题,也是关乎民族精神建设的大问题：要引导我们的孩子去关心自己生于斯、长于斯的这块土地，去发现、领悟、认识其中深厚的地理文化和历史文化，去关心祖祖辈辈耕耘于这块土地上的普通人民、父老乡亲，和他们一起感受生命的快乐和痛苦，从中领悟人的生命意义和价值，并将这一切融入自己的灵魂与血肉中，成为自我生命的底蕴与存在之根。这就为他们一生的发展，奠定一个坚实的丰厚的精神底子。"

正是如此，在开展地方文化进校园的活动中我们安排名人走访、故地重游、实地考察、调研报告等拓展型作业，帮助学生了解家乡大好河山和人文荟萃，培养学生热爱家乡、尊重自然的情感。我们从"白箬新村""丁字石话""格塘波光""靖港古韵""乔口渔歌""桥驿名峰""书堂翰墨""铜官窑火""乌山秀色""新康戏乐"等篇章向学生展示望城风土人情、经济生态等特色，特别是沿湘江古镇的铜官、乔口、靖港几个乡镇旅游度假人流如织，带动当地经济快速发展，老百姓的文明素质水平也不断提高。因为事例就在身边，有很多学生的家里就是参与者，学生很快就能升起对家乡的自豪感，激发他们对家乡的热爱，树立为家、为国出力的理想，为党的十九大报告中提出的建设美丽乡村，打造一支懂农业、爱农村、亲农民的"三农"工作队伍打好坚实基础。

德育的途径虽然有很多，但立足于地方文化的德育则更具有亲和力和生命力，因为它源于实践、源于真情感知，从而实现从知到行的转化，不仅培养了地方文化的传承精神和热爱意识，而且构建了美好的精神家园。青少年的理想由爱家乡、立足家乡到为国奉献，建设富强、民主、文明、和谐、美丽的现代化强国一脉相承。正如杭州大学历史地理研究室的陈桥驿先生所说："因为一切从乡土出发，以乡土为教材，人人看得见，触得着，所以感染力特别强。"

### 三、有利于提升核心素养

2016 年 9 月，中国学生发展核心素养研究成果发布会在北京师范大学召开。与会专家一致认为，学生发展核心素养主要是指学生应具备的，能够适应终身发展和社会发展需要的必备品格和关键能力。它分为文化基础、自主发展和社会参与三个方面，综合表现为人文底蕴、科学精神、学会学习、健康生活、责任担当、实践创新六大素养，具体细化为国家认同等 18 个基本要点。我国的传统文化蕴含着丰富的培育学生核心素养的教育理念、教学素材和教授方法，而地方文化又是我国传统文化的重要组成部分，使得地方文化教育在培养学生发展核心素养方面，有着独特的优势，能够切实熔铸学生心性，完善人格和发展自我。

文化是人存在的根和魂，而地方文化教育正是帮助学生深扎民族根、熔铸中国魂的重要方式与方法。教育是人类文明延续、发展的重要手段。让地方文化进校园从而提升学生文化素养，可以说这是一种优质的教育。"李玉上语文工作室"编著的校本教材《望城地方文化视点》着力点就是"望城文化"，为打好学生的文化基础开辟了新的途径。而其中校园风采等章节教会学生乐学善学、勤于反思；民间奇艺章节中众多艺术家的高雅生活情趣引导学生健康生活；红色传奇、湘水惊涛等章节对于树立学生的责任意识起到了很好的引领作用；企业心声、格塘波光等章节着力培养学生的国际视野。还通过实践作业等相关活动培养学生社会参与意识，学会合作，树立问题意识等。由此可见，在中小学阶段开展地方文化教育，在学生成长的关键期让地方文化进校园，能够加深学生的人文积淀，培养人文情怀，健全人格，使学生可以自我管理，乐学善学，勇于探究。这能够帮助学生在未来形成解决复杂问题和适应不可预测情境的高级能力和人性能力。从这个角度出发，培养中小学生的核心素养，开展地方文化教育是大势所趋，不可或缺。

　　总之，开展望城地方文化进校园的活动及研究其意义是重大的、多方面的。通过对望城本土文化的了解与认识，促进学生继往开来，奋发学习，自主发展。展示本地厚重的文化底蕴，提高学生的文化修养。讲述本地知名人物事迹，鼓励学生立志成才。使学生了解社会资源、学校资源和家庭资源，培养学生从现实生活中发现问题，综合运用思考问题，实践活动中解决问题的能力；培养尊重事实，尊重他人，敢于发表，乐于合作的精神；激发学生发现周围事物奥秘的欲望，提升学生的人文素养，培养学生的创新精神和实践能力。为建设社会主义现代化强国，实现中华民族的伟大复兴，做出我们的贡献。

# 聚焦地方文化,开发校本教材
## ——《望城地方文化视点》序言
◎ 李玉上

　　《望城地方文化视点》是中国当代文学研究会校园文学委员会主持的、来源于中国教育学会中学语文教学专业委员会 2014—2018 重点课题 "校园文学与语文校本课程教材开发研究"的子课题"校园文学与地方文化类语文校本课程教材开发研究"的研究成果之一,亦即李玉上语文工作室"望城一中'校园文学与地方文化类语文校本课程教材开发研究'课题组"关于"望城一中校本课程'望城地方文化研究'"的第一个集体研究成果。简单地说,就是《望城地方文化视点》是望城一中校本课程"望城地方文化研究"的校本教材。

　　开展校园文学与地方文化类语文校本课程教材开发研究,开发"望城地方文化研究"校本课程,完全是为了落实《基础教育课程改革纲要(试行)》提出的"学校在执行国家课程和地方课程的同时,应视当地社会、经济发展的具体情况,结合本校的传统和优势、学生的兴趣和需要,开发或选用本校的课程"的精神,完全符合党和国家的有关政策要求。

　　例如,关于课程体系,《中共中央、国务院关于深化教育改革全面推进素质教育的决定》提出要"建立新的课程体系,试行国家课程、地方课程和学校课程",我们的"望城地方文化研究"就属于"学校课程"的范畴;关于课程管理,《国务院关于基础教育改革与发展的决定》提出要"实行国家、地方、学校三级课程管理。国家制定课程发展总体规划,确定国家课程门类和课时,制定课程标准,宏观指导中小学课程实施。在保证实施国家课程的基础上,鼓励地方开发适应本地区的地方课程,学校可开发或选用适合本校特点的课程",我们的"望城地方文化研究"就属于"学校开发或选用适合本校特点的课程"的范畴;关于课程价值,新课程标准指出"国家课程的主导价值在于通过课程体现国家的教育意志, 地方课程的主导价值在于通过课程满足地方社会发展的现实需要,校本课程的主导价值在于通过课程展示学校的办学宗旨和特色",我们的"望城地方文化研究"就在于要"通过课程展示学校的办学宗旨和特色";等等。

　　要落实"望城地方文化研究"这一校本课程,就要有适合它的校本教材,没有校本教材的依凭,校本课程就有可能缺乏内容的充实性与逻辑性和形式的同一性与系统性,就有可能雷声大雨点小、东一榔头西一斧头,甚而至于半途而废,最终不知后事如何。

基于上述政策背景和课程认识,我们积极探索,反复研究,切实行动,编写了用于落实"望城地方文化研究"这一校本课程的校本教材《望城地方文化视点》,期望能满足有关课程实施的要求。

《望城地方文化视点》编写的指导思想是:以社会主义核心价值观为指南,以本土文化审视为基点,以校园文化建设为己任,以校本教材开发为抓手,推进校本课程改革,提高教师科研水平,丰富学生文化知识,提高学生思想品质,陶冶学生道德情操。

其价值定位主要考虑以下几个方面:第一,基本对象——以高中一年级(兼及初中高年级)学生为主要读者对象,以高中语文教师为教学使用对象,同时兼及其他阅读或使用对象;第二,基本内容——贯彻社会主义核心价值观,挖掘、整理、提炼望城本土文化资源,对望城本土文化元素进行较为深刻的文化审视;第三,基本形式——以文本形式呈现基本内容,坚持图文并茂原则,采取理论阐述、图片呈现、故事叙述等相结合的形式呈现本书的基本内容;第四,基本目标——让学生对望城地方文化有较为全面、清晰、深刻的认识,为学生形成正确的世界观、人生观和价值观提供良好的文化导向,为校本课程的实施与推进提供行之有效的教学载体。

望城地方文化博大精深,要全面深刻反映出来确非易事,所以我们采取"截面选点"或者叫作"撒网捕鱼"的方式进行呈现,这样就有了"雷锋精神""红色传奇""湘水惊涛""漫地诗风""校园风采""企业心声""原野塔影""寺庙清音""民间奇艺""地名方言""白箬新村""丁字石话""格塘波光""靖港古韵""乔口渔歌""桥驿名峰""书堂翰墨""铜官窑火""乌山秀色""新康戏乐"等20个"课目",它们既是"面"也是"点"。每一"课目"下则选取具有代表性的富有望城文化特色的"点"(篇章)5个(有两处是6个),以散文的形式加以介绍,这样就有了"课目"下的"篇章"100篇(实为102篇)。以"雷锋精神"为例,它的5个"点"涉及"有精神的雷锋""有理想的雷锋""爱学习的雷锋""爱文学的雷锋""望城人民是怎样学雷锋的"等5个方面,应该说,这样的选材对雷锋的介绍还是比较全面的,也是具有针对性的。其他课目、篇章均与此相类。

在上述"课目"和"篇章"中,我们力图从以下角度来呈现望城地方文化的基本内涵和地方特色:一是政治、经济、文化等角度的,二是民生、民俗、民风等角度的,三是重要历史人物、重大历史事件等角度的,四是自然风光、人文风情等角度的,五是物质存在、精神存在等角度的,等等。只是,它们的基本内涵与地方特色要素我们没有一一单列,而是融合在"课目"和"篇章"的叙述中。因此,在对"望城地方文化"的把握上,应该不能拘泥于上述"课目"的列举,而应该从更加合理、更加全面和更加广泛、更加深刻的层面深化认识,加深理解。

为突出"校本教材"和"望城地方文化"的地域特征,也为增强"望城地方文化"的直观性和真实性,我们坚持"一课一图"和"一篇一图"等原则配置了相应的图片130幅。期望这些图片能给大家的"视点"增加一点"彩色"和"亮色",也期望这些图片能激发大家对"望城地方文化"进行探寻、研究的兴趣与热情,从而取得既有成果之外的新成果。这些图片中,有的不一定与"篇章"内容完全相同,但并没有超出某"课目"的内容范围,之所以这样做,是因为想要扩大某"课目"下所属"地方文化视点"的范围,使读者的视域更加广阔。

为使"望城地方文化"与"校园文学"有机结合起来,更为了开阔"望城地方文化"的研究视野,拓展"望城地方文化"的研究领域,求取"望城地方文化"研究的更新成果,我们在每一"课目"后编排了"拓展研究作业题"5道,共计100道,供大家选做。就内容而言,它们始终扣住"望城地方文化"这一主题,有"篇章"内容的延伸,也有"课目"内容的扩展,目的是使"望城地方文化"的"视点"得到放大,得以更加深入人心。就文体而言,它们涉及诗歌、散文、小说、戏剧,说明文、议论文、记叙文,讲话稿、演讲稿、相声、对联、快板词、欢迎词、辩论词、规划书、建议书、计划、书信、传记、评论等,其目的在于让大家熟悉并能运用不同的文体进行写作,在写作实践中提高文体运用能力。

此外,为丰富内容,扩展视域,我们附录了"望城古代诗歌选读",供大家参考学习。囿于资料范围和本书篇幅,这里我们只选了唐、宋、元、明、清的诗歌,并且未加注解析,大家读起来可能有点困难,但是,我想,如果真想学习,如果是真正的学习,这些困难是完全可以自行克服的。我曾经写过一首小诗,诗句是:"朝食玉英暮饮琼,枝沐霜雪叶栉风。临水不辞光阴远,醉将一叶染秋红。"最初载于拙作《遇上风景》一书中,今录于此,与大家共勉。

需要特别说明的是:腾讯·大湘网2015年12月5日《湖南乡镇区划调整最全方案:全省撤并524个乡镇》报道称"望城区:1.靖港镇和格塘镇成建制合并设立靖港镇;2.新康乡和高塘岭街道成建制合并设立高塘岭街道;3.茶亭镇和东城镇成建制合并设立茶亭镇;4.将东城镇慎家桥社区五杉片划入铜官镇华城村,将茶亭镇郭亮村划入铜官镇,铜官镇和书堂山街道成建制合并设立铜官街道;5.乌山镇和喻家坡街道成建制合并设立乌山街道;6.雷锋镇和廖家坪街道成建制合并成立雷锋街道"。后望城区照此方案进行了区划调整。本书成稿于2015年9月,所以,文中涉及的区划情况均为本次区划调整前的。

开发校本课程及其教材是一项"初吃螃蟹"的工作,也是一项"拓荒辟径"的工作,由于水平有限、时间紧迫,《望城地方文化视点》一定存有不少谬误,敬请各方大家、各位同仁以及使用本书的同学们批评指正。

(本文原载《望城地方文化视点》)

# 《望城地方文化视点》后记

◎ 李玉上

    2014 年 10 月，李玉上语文工作室首席名师李玉上接到中国教育学会中学语文教学专业委员会校园文学研究课题组、中国当代文学研究会校园文学委员会课题研究指导中心（以下简称总课题组）发来的《关于中国教育学会中学语文教学专业委员会重点课题"校园文学社团与语文校本课程教材开发研究"（即"校园文学与语文校本课程教材开发研究"）开题通知》，并应邀率队参加了 2014 年 11 月 6 日至 8 日在杭州萧山十中召开的开题会，正式接受了该重点课题的子课题"校园文学与地方文化类语文校本课程教材开发研究"的研究任务。

    回到学校以后，李玉上积极筹备"校园文学与地方文化类语文校本课程教材开发研究"的有关工作，组建了由望城一中夏育华、李玉上、邹寅华、龚君、杨扬、姚宇、张婷和望城职中邱琼、乔口中学刘汉辉、靖港中学刘杜等教师组成的望城一中"校园文学与地方文化类语文校本课程教材开发研究"课题组（以下简称课题组），李玉上任组长，夏育华、龚君任副组长，其他教师为成员，具体落实到望城一中校本课程"望城地方文化研究"的开发研究工作上。2015 年 1 月，课题组根据有关课题研究规定向总课题组提交了"实验学校申报审批书"，并于 3 月 28 日得到了批准。

    早在 2015 年 3 月 11 日，课题组就召开了望城一中"校园文学与地方文化类语文校本课程教材开发研究"开题暨"望城地方文化研究"第一次研讨会，编发和讨论了"望城一中'校园文学与地方文化类语文校本课程教材开发研究'课题研究实施方案"与《望城地方文化视点》编写方案。李玉上作了《任务在肩，奋力前行》的讲话，部署了课题研究的全面工作；夏育华作了题为《齐心协力攻坚克难，精益求精力求精品》的重要讲话，强调了有关工作要求，并表示无论是从校长角度还是从学校角度，他都全力支持本项工作，并将带头积极落实课题组分配给他的工作任务。自此，课题研究进入《望城地方文化视点》编写的落实阶段。

    2015 年 5 月 6 日，课题组召开了"望城地方文化研究"第二次研讨会，李玉上作了《严肃认真，精益求精》的讲话，就"《望城地方文化视点》编写中应该注意的几个问题"、

"《望城地方文化视点》【拓展研究】思考题的命题要求"和"关于《望城地方文化视点》的图片采录"等进行了详细的解说，并对有关"课目""篇目"以及成员的分工进行了合理的调整，编写工作更加符合规范要求。此后，课题组召开了多次非正式研讨会，还于2015年6月27日到安仁一中进行了专题学习和学后研讨，增强了课题研究的信心，研究工作进一步深入，编写工作成果逐步呈现。

我们的工作很快得到了总课题组和有关刊物的肯定与关注。《校园文学研究通讯》总第11期（2015年5月）发表了李玉上执笔的望城一中"校园文学与地方文化类语文校本课程教材开发研究"实施方案、李玉上在望城一中"校园文学与地方文化类语文校本课程教材开发研究"开题会议上的讲话《任务在肩，奋力前行》以及李玉上撰写的《望城地方文化视点》样稿之一《唱支山歌给党听》；该期杂志还在题为《全国校园文学"十三五"课题"校园文学与语文校本课程教材开发研究"进展顺利》的报道中说："项目已通过评审批准的学校，先后召开了开题会，进行了校本课程及教材开发方案的研究，并已着手课程纲要、教材提纲及样本的编写工作。例如，湖南省长沙市望城区第一中学制定的方案，认识高，措施实，对开发具有地方特色的语文校本课程'望城地方文化研究'及其教材《望城地方文化视点》做了很好的规划，项目负责人还撰写了校本教材样稿多篇，为研究成员提供了示范。"《长沙诗词》第42期（2015年7月）发表了李玉上撰写的《望城地方文化视点》"第九课 民间奇艺"中的文稿《寄意乾坤新境界，放歌日月见襟怀》。这些褒扬，无疑给课题组带来了新的鼓舞，提供了新的动力。

编写工作十分辛劳。遴选内容、确定主题、查阅资料、采访对象、拍摄图片、构思行文、校对编排等，无一不渗透着课题组成员的辛勤汗水。有的没有车，采访靠的是坐公汽、骑单车甚至步行，为了写好一个"篇章"，有的同一个地方实地考察了五六次。有的白天要做班级工作、语文教学工作或者行政工作，于是只得加夜班、放弃节假日；夜班往往加到凌晨两三点钟，有的甚至为了一个问题而彻夜未眠；有的一天工作连续十五六个小时。至2015年9月14日，短短6个月零几天中的业余时间，所有"篇目"文字稿均已基本完成编写任务。可叹！可喜！

在编写过程中，我们参考了若干文献资料，在此谨向参考文献的作者表示诚挚的谢意。同时，我们得到了总课题组王世龙、王光第、钟湘麟等专家的悉心指导，得到了望城区有关领导和专家的热情支持，在此谨向他们表示诚挚的谢意。

完成《望城地方文化视点》的编写工作，还只是完成校本课程"望城地方文化研究"工作的一部分，未来的工作仍然是"任重而道远"。不过，我们深信，有总课题组专家的精心指导，有望城一中的坚强领导，有课题组同仁的不懈努力，有关心我们的领导和朋友的大力支持，"望城地方文化研究"的道路一定会越走越宽广，越走越辽远。

（本文原载《望城地方文化视点》。此处略有删节）

望城地方文化研究

——WANG CHENG DI FANG WEN HUA YAN JIU

◇◇◇ 工作经验

团结奋进，砥砺前行／李玉上

「地方文化研究」课程实施的基本策略／李玉上

白云留不住，万里独归乡／李玉上

......

>>>

# 团结奋进，砥砺前行

◎ 李玉上

2015 年望城一中校园文学工作得益于中国当代文学研究会校园文学委员会的悉心指导和有关师生的共同努力，取得了一定的成绩，主要体现在以下四个方面：

**一、文学队伍不断加强**

通过现场竞选、作品甄选等方式使望城一中校园文学社白色鸟文学社成员增加至50 名，并对内部组织结构进行了调整，提高了工作效率。通过兴趣提升、精神鼓励等方式使望城一中语文教师及李玉上语文工作室成员从事文学创作的人员有所增加，特别是学校主要领导积极投入到文学创作活动之中，有力地推动了文学队伍建设步伐。同时还吸引了一些非语文学科的教师开展文学创作活动，如一名数学教师坚持"数学诗歌"创作活动，许多教师积极投入"校园征联"活动，使学校文学队伍人员范围更大，人气更旺。外聘大学教授或某领域专家为学生文学导师 3 名，为引领校园文学发展起到了积极作用。

**二、文学活动不断丰富**

10 名教师先后分别参加了全国"中学文学课堂"研讨会、第五届全国校园文学高峰论坛、全国中学语文创新课堂观摩活动。15 名教师授出文学鉴赏课或写作课 15 节，外聘教授、专家作写作或文学讲座 3 次，6 名教师给白色鸟文学社作文学讲座 6 次。组织文学社社员古镇采风 1 次。组织以"望城地方文化研究"为主题的全区高（职）中学生现场作文竞赛活动 2 次，组织参加第十三届"叶圣陶杯"全国中学生新作文大赛 1 次。主持"全国'校园文学与地方文化类语文校本课程教材开发研究'"课题研究"望城地方文化研究"1 个。全年订阅会刊《文学校园》4000（待核实）册。

**三、文学成果不断呈现**

学校被列为全国"校园文学与校本课程教材开发研究"实验学校，获得"全国中学示范文学社团"荣誉称号1次。1名教师出版24万字的教育论文和文学作品合集《爱在校园》1部,3名教师在省级以上刊物发表文学类作品7篇。10名教师合作完成了约25万字的"望城地方文化研究"之校本教材《望城地方文化视点》1部,且即将出版。出版校刊《白色鸟之歌》2期,发表师生作品201篇。10名教师、3名学生分别获得第十三届"叶圣陶杯"全国中学生新作文大赛优秀指导教师奖和决赛一等奖,2名教师分别获得第五届全国校园文学成果展评一等奖和二等奖。1名教师被评为长沙市第二十一届"华天"优秀教师。

### 四、文学影响不断扩大

继2014年5月25日《三湘都市报》A16版以《文学校园,精致名片》为题报道我校校园文学建设情况以后,2015年4月30日《湖南日报》13版题为《栉风沐雨百余载,锲而不舍铸华章》一文辟专节"文化立校,文学硕果满枝头"介绍了我校文学工作的成绩。特别是《校园文学研究通讯》总第11期发表了上述我校课题研究的《实施方案》等3篇文章,还在该期杂志的一篇报道中推荐我校课题研究的新成果,扩大了我校在全国的影响。此外,受我校文学校园工作的影响,我区2所高中、3所初中学校的文学社或得以新建或得以恢复,各种文学活动有序推进,各种文学成果不断显现。

当然,我们还清醒地看到存在的不足,如文学创作的数量和质量还有待提高,文学活动的开展还有待系统化,文学新秀的培养还有待专业化,等等,都是我们今后要切实加以改进的。

(本文呈报到中国当代文学研究会校园文学委员会)

# "地方文化研究"课程实施的基本策略

## ——基于"校园文学与语文校本课程教材开发研究"背景的思考与实践

◎ 李玉上

2014年以来,我们积极响应"校园文学与语文校本课程教材开发研究"课题组的号召,承担了"校园文学与地方文化类语文校本课程教材开发研究"的任务,积极从事校本课程"地方文化研究"工作,取得了研究工作的初步成果。其最突出的成果就是出版了《望城地方文化视点》一书。在研究过程中,我们发现,要将"地方文化研究"课程落到实处,就应采取以下基本策略。

### 一、认识课程性质

"地方文化研究"是建立国家课程、地方课程、学校课程三级课程体系的学校课程之一,是以学校师生为实施主体、以地域性地方文化为研究对象、以校园文学行为为活动载体、以"地方文化研究"校本教材为教学媒介、以培育社会主义核心价值观为最高目标的校本课程之一。它既是语文、政治、历史、地理、音乐、美术等课程的延伸与拓展,又是独立于这些课程之外的专门课程,具有黏合性、本土性、生活性、文学性、审美性和课程性等基本特征。

### 二、明确课程价值

"地方文化研究"是落实课程改革目标、构建三级课程体系的保障工程之一,是建设学校文化、打造学校特色的基础工程之一,是优化学科结构、提高教学效率的得力措施,是丰富学生人文素养、发展学生良好个性的生动课堂,是促进教师专业发展、提升教师教育品质的有力抓手,是发掘地方文化资源、繁荣地域文化研究的有效途径。对培养学生知识吸纳、信息处理、创新思维等基本能力和自主精神、合作精神、探究精神、健康心理、高尚道德等健全人格具有十分重要的价值。

### 三、树立课程目标

以人的发展为基本目标。在"地方文化研究"的教学实践中,要通过课堂教学、文本阅读、文献调阅、实地考察、走访调研等形式,尽力实现以下目标:较为全面地了解和把握地方文化的基本内容、特色亮点,做到知我家乡、爱我家乡;了解地方文化的形成过程、亲历探究过程中的艰辛和愉悦,做到学会学习、学会实践,进而学会发现问题、提出问题、解决问题的方法,形成创新精神和实践能力;吸纳地方文化的精华,并内化为美好的人文精神,进而牢固树立正确的世界观、人生观和价值观。通过校园文学活动,促进写作教学,提高师生的文学创作能力和实绩,努力繁荣地方文化事业。

### 四、规范课程设置

学校宜将"地方文化研究"作为校本课程的必修科目纳入高一年级第一学期的教学计划之中,课程完成时间可以延续到高一年级第二学期。纳入学分管理,每个学生必须完成本课程的学习任务方能拿到相应的学分。学分的份额由教务部门根据学校课程总体设置情况予以确定,但不能超过国家课程中单项学科学分的最高分额。据该学期的有效课堂教学时间,本课程拟每周开设 1 节,共计 20 节,学生必须完成 20 节课堂教学的学习任务,还必须高质量完成与课堂教学内容密切相关的 20 个研究任务,方能计算相应的学分。

### 五、严格课程实施

实施过程等同于国家课程规定的学科教学过程,同时应有所创新。要坚持立德树人,坚持素质教育,坚持人文发展,坚持全面发展,突出知识、能力和情感态度价值观教育的深度融合。要坚持教师与学生的密切配合,坚持课堂教学与课外活动的密切结合,坚持阅读与创作的密切融合,严格课程实施,将本课程纳入课表,以确保本课程的实效。要坚持教学内容的开放性,授课教师可以根据实际情况,补充开发已编的校本教材以外但紧扣"地方文化研究"主题并经课题组审核同意使用的教材。要实行"期中考试+期末考试+课外研究考查"相结合的考核制度,考核制度由教务部门负责制定和实施。

### 六、加强课程保障

加强组织保障,成立课程实施领导小组,由校长任组长,课题组组长、主管教学的副校长任副组长,教务部门负责人、语文组组长、高一年级语文教师为成员,具体负责本项工作。加强人力保障,授课教师由课程实施组选派有强烈的责任感和使命感、有地方文化素养和文学创作兴趣或特长的语文骨干教师担任,没有担任授课教师的语文教师亦有责任和义务担任相应的工作任务。加强待遇保障,学校给授课教师以语文课教师的同等待遇,给各项活动的开展以相应的经费支持。加强研究保障,在实施过程中,大力开展课程研究,动态性地取得"地方文化研究"成果。

开设"地方文化研究"课程,是一项极具开拓性、创造性同时也极具挑战性的工作,对完成"校园文学与地方文化类语文校本课程教材开发研究"的任务和学校校本课程建设任务具有积极的意义,我们必须以满腔的热忱、奉献的精神,竭尽全力,创造性地、优质高效地完成本项工作。

(本文为作者在第六届全国校园文学研究高峰论坛上的发言稿)

# 白云留不住，万里独归乡

## ——浅谈校园文学与地方文化类语文校本课程教材开发研究的思想与行为要领

◎ 李玉上

2014 年 11 月，长沙市望城区第一中学李玉上语文工作室接受了中国当代文学研究会校园文学委员会、中国教育学会中学语文教学专业委员会重点课题"校园文学与语文校本课程教材开发研究"的子课题"校园文学与地方文化类语文校本课程教材开发研究"的研究任务。任务到肩后，我们成立了由 10 名成员构成的课题组，并把该课题研究的落脚点放在"望城地方文化研究"上。

至 2016 年 11 月，我们取得了该课题研究的阶段性成果。发表了《"校园文学与地方文化类校本课程教材开发研究"实施方案》《任务在肩，奋力前行》《唱支山歌给党听》[1]《寄意乾坤新境界，放歌日月见襟怀》[2]《共融民族血脉，同建精神家园》《聚焦地方文化，开发校本教材》《校本教材〈望城地方文化视点〉出版》《〈望城地方文化视点〉的视点》[3]《"地方文化研究"课程实施的基本策略》[4] 等 9 篇与课题研究密切相关的文章，出版了校园文学与地方文化类语文校本教材《望城地方文化视点》1 部。

《望城地方文化视点》为 16 开本，24 个印张，39.0 万字。它以社会主义核心价值观为指南，以本土文化审视为基点，以校园文化建设为己任，以校园文学实践活动为主线，挖掘地方文化的语文课程资源，开发地方文化语文校本教材，注重丰富学生地方文化知识、陶冶学生道德情操和提高学生文学创作能力。到目前为止，该教材已在长沙市望城区第一中学 2015、2016、2017 三届近 3000 名学生中使用，并辐射影响到区内 5 所高、初中学校以及区内外近 1000 名教师与公务员。有人说，它是望城地方文化的"大全""宝典"。

任何一项教育科研成果都来之不易。回首"校园文学与地方文化类语文校本课程教材开发研究"所走过的路，我们深感，要想取得研究成果，下列思想与行为要领是必不可少的。

## 一、要有拓荒辟径的担当气魄

从国家课程层面来看，《国务院关于基础教育改革与发展的决定》提出了"在保证实施国家课程的基础上,鼓励地方开发适应本地区的地方课程,学校可开发或选用适合本校特点的课程",其中"学校可开发或选用适合本校特点的课程"的任务我们不能指望别人而必须由自己来承担。从学校课程层面来看,由于某种原因,我校在校本课程开发方面曾经一度处于迟滞状态,要改变这一状态,实现新的突破,我们不能依靠别人而必须由自己来动手。从地方实际层面来看,望城地方文化丰富而深厚,素来存有"一处湘江古镇群[5],半部湖湘文化史"的说法,但这"半部湖湘文化史"无人给予系统的"素描",也不见有较为完整的"绘本",所以,我们有责任对它进行"勾勒"甚至"细描"。从"校园文学与语文校本课程教材开发研究"的课题层面来看,当初有很多适合于我们、我们也认为研究起来得心应手的子课题可以选择,而课题组下达给我们的课题却是"校园文学与地方文化类语文校本课程教材开发研究"这么一个全新的、陌生的、极具挑战性的课题。怎么办? 答案是:承担! "我不下地狱,谁下地狱?" 从研究的途径和期望形成的课题成果层面来看,当初没有"车来车往"的"轻车熟路",也没有现成的"校园文学与地方文化"相结合的"语文校本课程教材"可资参考借鉴。怎么办? 答案是:敢"吃螃蟹"! 走"本没有路"的路! 正是在上述背景之下,我们开始了本项课题研究并且取得了一定的成果。所以,我们说,要有拓荒辟径的担当气魄。

**二、要有吃苦耐劳的奋斗精神**

校园文学与地方文化类语文校本课程教材开发研究是一件"苦差使",更是一件"辛劳事"。它的"劳",既是"劳力劳形",更是"劳心劳神"。就研究过程而言,组织人马、培训研讨、确定主题、采集材料、构思行文、校对编排等工作,无一不需要付出辛勤的汗水。例如,"采集材料"环节的"图片采录"中,我们事先就作了培训,提出了"坚持实地拍摄、突出图片主题、力求画面精美、注重清晰说明、规范图片大小"等5项要求;在实际采录的过程中,不通汽车的,有的靠骑单车、有的靠步行到实地才完成;不合要求的图片,有的往返实地五六次才完成。这一环节的"对象采访"中,有的对象因客观原因而爽约,我们只得一而再再而三地预约等待,直到任务完成。又如,在时间问题上,基本上靠加班加点和节假日的时间;夜班往往加到凌晨两三点钟,有时甚至为了一个问题而彻夜不眠;有的有时一天连续工作十五六个小时,腰酸背疼而不言苦。它的"苦",就形成文本成果而言,首先表现为"着手行动"而"漫无头绪"时的"苦思",其次表现为"略有头绪"后"采集材料"时的"苦寻",再次表现为"材料选定"后"定向构思"时的"苦想",最后表现为"构思既成"后"形成文本"时的"苦写"。这正如马克思说的"在科学的道路上,没有平坦的大道可走,只有不畏艰险沿着崎岖陡峭的山路攀登的人,才有希望到达光辉的顶点"。所以,我们说,没有吃苦耐劳的奋斗精神而要想取得令人较为满意的课堂研究成果,那是根本不可能的。

### 三、要有钩深索隐的锐敏慧眼

地方文化犹如石中之玉、沙中之金，挖掘地方文化的矿石、发掘地方文化的精华，需要千淘万漉、吹尽黄沙的扎实功夫，需要探踪揭秘、钩深索隐的锐敏慧眼。在对望城地方文化的研究中，我们发现，其风土人情、自然风光，其地域风貌、名胜古迹，其政治嬗变、经济建设，莫不呈现着良莠同在、泥沙俱存的状态。因此，我们始终贯彻社会主义核心价值观，对它进行较为深刻的文化审视，见精华则取之，遇糟粕则去之，并采用"截面选点"或者"撒网捕鱼"的方式进行发掘或打捞，这样才有了"雷锋精神""红色传奇""湘水惊涛""漫地诗风""校园风采""企业心声""原野塔影""寺庙清音""民间奇艺""地名方言""白箬新村""丁字石话""格塘波光""靖港古韵""乔口渔歌""桥驿名峰""书堂翰墨""铜官窑火""乌山秀色""新康戏乐"等 20 个"面"的形成（相对全部的望城地方文化而言，它们其实也是"点"）。在此基础上，我们给每一"面"选了 5 个点。例如，在"白箬新村"这个"面"下，我们选定的"点"是该镇的李淑一故居遗址、黄泥铺村、光明蝶谷、桃林村、光明村等所蕴含的文化元素，这样就有了《毛泽东〈答李淑一〉背后的故事》《黄泥铺村的"当家人"》《有蝶远古来，款款当前飞》《桃之夭夭，灼灼其华》《光明新村》等地方文化呈现。这些"面"和"点"，往往又将政治的、经济的和文化的，或者将民生的、民俗的和民风的等"面"和"点"融合在一起，从而给人以具体而全面的文化认知。

### 四、要有实事求是的科学态度

"露从今夜白，月是故乡明"，自古以来，人们对"故乡"都充满了深情，于是，一说到"故乡"就是"谁不说俺家乡好"，这无可厚非。但是，在对我们生于斯、长于斯的"故乡"进行地方文化研究、开发校本课程教材的过程中，我们不能戴着"感情"的"有色眼镜"，而应采取实事求是的科学态度。如果戴着"感情"的"有色眼镜"就会使"地方文化"因"盲目"而"失真"，因"浮夸"而"肿大"，因"不实之词"而"以讹传讹"，因"虚美之词"而"贻误他人"。例如，在对长沙铜官窑国家考古遗址公园的文化内涵的研究中，我们没有听信"铜官是海上陶瓷之路的起点"的民间说法，而是通过查阅文献、特访专家等方式，确定铜官是"海上陶瓷之路的重要支点"的历史定位，剩下的研究工作都是在这个定位上进行的。又如，在对"杜甫与望城"的研究中，我们发现他生命的最后乐章《风疾，舟中伏枕抒怀三十六韵，奉呈湖南亲友》一诗的创作地有"望城湘江铜官段"和"岳阳洞庭湖"等两种说法，我们没有因为我们研究的是"望城地方文化"就要突出望城的文化地位而将它武断地说成是铜官，而是将两种说法并列提出，供读者参考。还如，在研究望城"方言俗语"时，我们也没有因"俺家乡好"而回避对"过于低俗甚至粗鄙"的方言俗语的批判。司马迁坚持"其文直，其事核，不虚美，不隐恶"[6]的"实录"精神，成就了"究天人之际，通古今之变，成一家之言"[7]的"史家之绝唱，无韵之离骚"[8]，他实事求是的态度值得我们永远推崇。

### 五、要有灵活多样的解难方法

课题研究肯定会遇到难题,遇到难题我们不能不突破。可是有些难题却非一般方法所能突破的,这就需要我们的方法灵活多样。文献法解决不了的可以用调研法去解决,调研法解决不了的可以用案例法去解决,案例法不能解决的可以用访谈法去解决,诸如此类,不胜枚举。研究过程中,以下两个方法我们用得较多:一是"触景生情"法,二是"巧借炊米"法。所谓"触景生情"法,就是遇到想要表现而无法表现的文化内容时,就到实地去看实情、观实景,从而找到形成话题的灵感。例如,在研究望城地方文化的"地名方言"时,我们想到了"月亮岛"这个文化符号,于是就去"触景",于是就有了"赋予地名文化内涵,凸显地名人文价值"这项成果;"民间奇艺"这个"面"下的《传承铜官陶艺,敬塑心中太阳》等6个"点"的文化元素,都是作者亲临望城民间艺术大师的工作室切身感受出来的。所谓"巧借炊米"法,就是当我们的研究人员在某个方面确实"无能为力"或者"为而不力"甚至"无须我为"时,就在征得在某个方面有所研究且有成果的非课题组成员的研究者同意后直接采用他们的成果,这样,一方面弥补了课题组的短板,另一方面也缩短了研究的时间,同时在无形中扩大了研究队伍,并通过扩大队伍扩大了研究的影响。例如,"叶魁的故事",在《中国共产党望城县历史》中有详细的记载,我们就不必再去"研究"了。当然,在使用"巧借炊米"法时我们注意了质的把握和量的控制。总之,课题研究,要为成功找方法。

### 六、要有学以致用的创新设计

开发校本课程教材,重在有用、实用。要有用、实用,就一定要有学以致用的创新设计。对这个问题,我们在《望城地方文化视点·聚焦地方文化,开发校本教材》中已有说明,大意是:为突出"校本教材"和"望城地方文化"的地域特征,也为增强"望城地方文化"的直观性和真实性,我们坚持"一面一图"和"一点一图"等原则配置了相应的图片130幅。期望这些图片能给大家的"视点"增加一点"彩色"和"亮色",也期望这些图片能激发大家对"望城地方文化"进行探寻、研究的兴趣与热情,从而取得既有成果之外的新成果。这些图片,有的不一定与"点"上内容相同,但并没有超出某"面"的内容范围,之所以这样做,是因为想要使读者的视域得以阔大。为使"望城地方文化"与"校园文学"有机结合起来,更为了阔开研究视野,拓展研究领域,求取研究的更新成果,我们在每一"点"后编排了"拓展研究作业题"5道,共计100道,供学生选做。就内容而言,它们始终扣住"望城地方文化"这一主题,有"面"上内容的延伸,也有"点"上内容的扩展,目的是使"望城地方文化"的"视点"得到放大,从而更加深入人心。就文体而言,它们涉及诗歌、散文、小说、戏剧,说明文、议论文、记叙文,讲话稿、演讲稿、相声、对联、快板词、欢迎词、辩论词、规划书、建议书、计划、书信、传记、评论等,其目的在于让学生在写作实践中提高文体运用能力。总之,学以致用的创新设计的要义在于学有依、研有向、写有体。

以上我简要谈了校园文学与地方文化类语文校本课程教材开发研究的六个方面的思想和行为要领,所述不一定正确,敬请方家指正。

现阶段,我们正在大力开展的工作是将"校园文学与地方文化类语文校本课程教材开发研究"向学生层面推进。所做的主要工作是,组织学生学习《望城地方文化视点》,组织学生开展"白云万里独归乡"的征文竞赛活动。从反馈情况看,学生学习热情高,竞赛参与度高,征文质量可圈可点,对望城地方文化的研究多有独到之处。可见,基于地方文化开发的校本课程教材能够起到传承、创新地方文化的作用,开展"校园文学与地方文化类语文校本课程教材开发研究"具有十分重要的意义。愿研究天地越来越宽广,研究成果越来越丰硕!

**【注释】**

[1] 以上均见《校园文学研究通讯》总第 11 期。

[2] 见《长沙诗词》第 42 期。

[3] 以上均见《校园文学研究通讯》总第 15 期。

[4] 本文为作者 2016 年 11 月 10 日在第六届全国校园文学高峰论坛上的发言。

[5] 指望城境内、湘江两岸以古镇靖港、渔都乔口、戏乡新康、陶城铜官、书苑书堂为代表的古镇群落。

[6] 详见班固《汉书·司马迁传》。

[7] 详见司马迁《太史公自序》。

[8] 详见鲁迅《汉文学史纲要》。

(注：本文为作者于 2017 年 12 月 7 日在第七届全国校园文学研究高峰论坛暨校园文学成果展评交流会上的发言稿)

# 利用地方文化资源，提高语文核心素养

## ——以"望城地方文化研究"为例

◎ 姚　宇

　　地方文化研究的是一个区域内群体的存在方式，包括人们在生产生活过程中的言说或表述方式、交往或行为方式、意识或认知方式，既有物质的层面，也有精神的层面。学校教育的对象是学生，一般说来，一个学校的学生主要来自于一个相对集中的区域，因此，在学校里开展地方文化研究对于学校教育特别是语文教育有着重要意义。近三年多，我在李玉上语文工作室的引领下，认真研究地方文化对语文教育的影响，略有心得，本文就利用地方文化资源、提高语文核心素养做一点探讨。

### 一、利用地方文化材料，培养提高语言运用能力

　　语言的建构与运用是语文的核心素养之一，培养和发展语言能力离不开语言材料。利用学生从小生活的地方文化环境，选取地方文化材料，提高学生的语言建构和运用能力，是值得推广的高效方法。

　　讲述身边的地方文化事迹，提高口头表达能力。望城有许多名人、名物和名胜景区，也有丰富的民俗资源，和学生交往时向他们打听周围的这些文化资源，调动学生的积极性，整理成文稿在班上进行课前演讲，讲述者兴致盎然，听众大开眼界。有的学生在讲述铜官窑的历史渊源时插入自己小时候玩陶艺的趣事，有的在讲述茶亭惜字塔时介绍塔顶胡椒树的来历，有的在讲述小时候看新康皮影戏时涉及民间戏剧故事，有的在讲述自己学习剪纸时介绍望城剪纸名人秦石蛟的事迹，他们自觉地将文化与自身见闻融为一体，将语言表达的内容与形式结合，提升了语言建构与表达能力。特别是有两个学习播音主持的学生，还想以后毕业了，利用业余时间从事民间口述整理工作，让师生真正感受到地方文化研究的美好前景。

　　开展地方文化专题作文竞赛，提高书面语言表达能力。李玉上语文工作室一年一度的"白云万里独归乡"专题作文竞赛，学生写自己家乡的文化生活，涉及衣食住行等生活方面的习俗，文物古迹和自然风景方面的特色，名人名物背后的故事。丰富多彩的内容真实反映了这一代学生对家乡的了解和热爱，也激发了他们扎根家乡、建设家园

的美好愿望。由于题目接地气,学生有内容可写,大家更多地关注怎么把故事讲好,在写作技巧方面投入了更多的精力,从而提高了书面表达能力。

建构和运用语言不是空中楼阁,地方文化材料和书本知识都是其坚实基础。

### 二、开展地方文化研究,发展与提升思维能力

地方文化是一个相对较小的圈子里的文化,虽然涉及生活的方方面面,但是一个圈子里的人才相对较少,再加上时代变迁,文化不断发展的因素,因此很少有关于一个地方的比较全面的文化专著,这就为学生展开研究提供了许多项目。在开展地方文化研究时,发展与提升思维能力,也是培养学生语文核心素养的重要途径。

实地考察,搜集民间素材和文献资料,辩证分析,去粗存精,培养学生全面分析问题的思维能力。在研究长沙铜官窑这一专题时,我和研究小组的同学们一道去参观了石渚湖古窑遗址,拍下了景点中每一处介绍文字,并且咨询了管理人员,还带学生参加了陶艺制作。又到省博物馆拜访了副馆长李建毛先生,并在专家指导下购买了几套铜官窑的研究著作。在一个学年的研究中,大家分工合作,研究了铜官窑的发展、铜官窑陶瓷的特点、铜官窑诗词文化、铜官窑造型与图案特点、铜官窑的制作工艺等。在这一过程中,学生学到了开展文化研究必须具备的全面思维方法。

培养学生关注细节的思维品质。在地方文化的研究过程中,关注细节非常重要,在研究铜官窑釉下多彩瓷器的烧制工艺时,从文献资料上查到的烧制温度是 1250 摄氏度,有个专家说应该是 1170 摄氏度,后来我们专门到陶瓷厂请教有经验的老工人,工人师傅告诉我们,现代的机械设备检测到的温度是 1170 摄氏度,古时候是个什么情况无从得知,从实践经验来看,温度稍高或稍低都会影响产品质量。最终我们采用了 1170 摄氏度这一说法。一段时间的地方文化研究做下来,大家明白了一个道理,语言表达需要真实地描述客观现实,必须非常严谨,任何细节都不能出错。

培养学生比较辨析的思维品质。在地方文化研究中,对搜集的材料进行比较分析,运用辩证思维去辨析真伪,这也是一项非常重要的能力。在研究黑麋峰的僧塔时,研究小组搜集到一则有趣的素材:僧塔可能是当年明朝建文帝朱允炆的最后归属。当地传说是一个依据,还有一个依据是附近几十个村庄的地名与史书中记载的南京城当时周围的地名高度一致。研究小组在查询了大量文献材料后发现,关于建文帝的下落有很多记载,但没有哪一种是证据充分的。我们在最后的定稿中也采用了这一则材料,但目的是利用传说来增强文化气息。在这一过程中,学生明白了一个道理,语言文字要记录下的东西不能根据主观感觉去作判断,不能因为趣味性而牵强附会,甚至妄下结论。

马克思说,语言是思维的直接显示。提高语文素养不是会玩文字游戏,开展地方文化研究,让语言有实实在在的依托,让思维有扎扎实实的土壤,方不悖初衷。

### 三、开掘地方文化价值，提高审美鉴赏和创造能力

地方文化不仅仅是历史存在的证据，也不仅仅是现实生活的反映，蕴含其中的审美价值，也是在语文教学中提高学生语文核心素养的重要资源。

地方美景让人领略到大自然的神奇，同时可以启迪人们思考。望城茶亭镇的惜字塔，塔顶生长着一棵胡椒树，不管晨昏雨露还是霜雪烈日，它始终郁郁葱葱，观景的人看到了大自然的神奇，领略到了生命的顽强，也联想到人类在种种绝境中的绵延不绝，从而获得关于自然关于生命的审美体验。

地方遗迹让人领略到历史风云的壮美。靖港杨泗庙有着厚重的历史文化韵味，传说中与农民起义领袖杨幺有关。还有靖港当年曾国藩兵败投水被救的遗迹，其屡败屡战的精神一直激励着后人，倘若当年江水真的带走了他，恐怕中国的近代历史都会有所改写。在面对这些文化遗迹时，遥想多年前的历史风云，想想当今平民百姓的生活，心中便升起对英雄的崇敬，感慨安定局面的来之不易。历史文化的美穿越时空，和现实生活图景的美交相辉映，激荡着莘莘学子看今朝人物的情怀。

历史名人给人精神审美的力量更是不可忽视。雷锋是革命烈士郭亮的故乡，也是精神楷模雷锋的家乡。当年郭亮和许多革命先烈一道在望城开展了轰轰烈烈的革命活动，雷锋把一颗无私奉献的种子传播到海角天涯，不管历史推进到哪一个阶段，他们带给人们精神上的崇高大美永远熠熠生辉。

开掘地方文化的审美价值，让学生在提升审美鉴赏能力的同时产生创造美的愿望，这也是时代的要求。校园里，拾金不昧的现象蔚然成风；校园外，乐于助人的事迹层出不穷。地方文化对望城这方土地上的人的影响不可谓不深远。

### 四、探究地方文化脉络，增强文化传承与理解能力

一个时代有一个时代的精英，当历史的烟云缓缓散去，地方文化的遗迹和传说就成为了历史的见证。梳理地方文化脉络，可以增强文化传承和理解能力。

望城是古代潭州郡的重要属县，历史沿革几经变迁，许许多多的小地名背后都有一段传说，如黄龙湖、勒马山、驻马坡传说与关公战长沙有关，靖港与唐代大将李靖有关。因为这些地方文化，历史不只是教科书中冰冷的事件，它们从未远去，早已融入了每一个百姓的血肉之中。

铜官窑兴盛于中唐，产品大量出口阿拉伯国家，其中低端的陶质虽不能和各代官窑相比，但其多变的造型和中外结合的装饰图案却赢得了世界各地普通百姓的青睐。同时，窑的兴衰也是历史演变的影子。

望城还留下过许多先贤的足迹。贾谊贬居长沙市曾在望城乔口讲学题诗，杜甫漂泊江湘时曾经在望城留下千古绝唱，刘禹锡也曾经在黑麋峰寻幽访胜，铜官窑的

瓷器题诗更是风靡海内外,"君生我未生,我生君已老"这样的句子至今吟诵起来仍齿颊留香。

塔是旧文化中的一道风景。随着时代的进步,科学的发展,观念的更新,人们早已不会将自己的希冀和愿望寄托在神秘的高塔中,但是,像惜字塔这样唤起人们对字纸的爱惜、对文化的崇敬之心的古迹,虽然历经沧桑,旧迹斑斑,仍然值得每一个文化人深思。

望城撤县并区已经有一段时间了,城市化进程日新月异。那么这些地方文化的遗迹何去何从?我们这个时代会给将来的历史留下怎样的遗迹? 地方文化的传承需要一代又一代人的努力。

当然,保护和发展地方文化,不能躲进小楼成一统,只注重地方文化的挖掘、整理和传承,而忽视国家文化认同的培养和民族精神的传承,忽视时代要求。探究地方文化的脉络,深刻地理解地方文化的意义,传承宝贵的文化精神,是我们的语文课堂需要深入研究的课题。

要想充分利用地方文化来提高语文核心素养,需要将地方文化贯彻语文教育的始终,并最终凝练成特色鲜明的学校文化,一要深入挖掘地方文化内涵,理解地方文化的精髓;二要以课程为依托,将地方文化研究落在实处;三要以活动为平台,在实践中创造,进一步丰富并传承地方文化,做到知行合一。

**【参考文献】**

[1] 顾明远.要充分发挥教育对文化的传播、选择、创新功能 [J].人民教育,2016,14.

[2] 袁新志.地方文化在语文教学中的渗透研究[J] 新课程研究,2017.5.

[3] 杨雅丽.试论语文教育的文化传承与文化教育功能[J].长江师范学院学报,2016,6.

# 用"视点"拓展"视野"

## ——谈谈校本教材《望城地方文化视点》的使用

◎ 邹寅华

由望城区"首批名家工作室"李玉上语文工作室首席名师李玉上领衔、"望城地方文化研究"课题组全体成员努力共同撰写的《望城地方文化视点》一书,已经作为望城一中校本教材投入使用。高三年级学生拿到这本书后十分喜爱,早晚自习或是课余只要有空就会随时翻看。基于这种高度的"喜爱",配合高三语文备课组安排的以"继承传统文化"类话题作文的写作训练,我组织了所教班级学生阅读《望城地方文化视点》的读书活动,举行了以"热爱望城地方文化"为中心的主题班会活动,进行了以"我是湖南望城人"为主题的征文竞赛活动。这一系列活动分成自主阅读、畅谈心得、借鉴为文、彰显精彩几个步骤,活动的内容充实,步骤要求明确,学生全员参与,活动效果明显。

### 一、自主阅读

我制定了如下《望城地方文化视点》自主阅读方案:阅读时间:2017 年元月—2 月(利用早自习和课余时间以及元旦和春节假期);阅读内容:至少选读《望城地方文化视点》一书十章之上内容;阅读方法:精读、略读、浏览、品味,勾画要点,做好阅读笔记或旁批;检查作业:教师收集课本查阅每个学生的阅读情况,并作好登记;评选优秀:先由小组评选本组优秀阅读者 2 人,然后由语文科代表组织班团干部评选班级优秀阅读者10 名;表彰优秀:最后由语文老师和班主任一起颁奖,奖励操行分 5 分记入"学生成长档案"。

在检查学生阅读情况时我们惊喜地发现,不少同学读得十分认真,书中多处留下了阅读的痕迹,标注详细,旁批具有真情实感,甚至有 10 多人利用课余时间和节假日通读了课本。评优过程中,同学们更是郑重其事,层层选拔,对照比较,有的同学还毛遂自荐,唯恐埋没了"优秀"。

一位西藏同学在课本扉页上写道:"西域的格桑开在望城,这里就是我的第二故乡。老师像父母,同学是朋友,走进望城这片美丽的热土,有爱的地方就是天堂。"一位同学在阅读第一章《雷锋精神》时批注:"我跟雷锋是'邻居',一直以来我都引以为豪。

《雷锋精神内涵的十大关键词》一文丰富了雷锋精神的内涵,雷锋的形象巍然耸立。我虽沧海一粟,也要嘉言懿行。"

这次阅读活动,带来一些更深层次的思考:一是自主阅读不是自由散漫式的阅读,不是随手翻翻,更不是想读就读不想读就不读,它必须有组织有计划有步骤有检测有成效。二是读有温度的文字,才会全情投入,因为热爱才去阅读,因为有投入的阅读才有真切的收获。三是把阅读的主动权交给学生,重视每个学生的独特感受和体验,才能培养学生质疑释疑能力,开拓创新性思维。

### 二、畅谈心得

在这个环节中,我先进行了"问卷调查"。"问卷调查"是继学生阅读《望城地方文化视点》一书后又一次主题班会活动。这次活动以"热爱望城地方文化"为宗旨、围绕校本课程展开的拓展研究。"问卷调查"由班主任和语文老师发起、班团干部具体策划组织实施、利用周会活动课时间来完成。"问卷调查"设计了以下五个问题:你为什么喜欢这本书?作为望城人,你有哪些"望城"符号?你最喜欢的文章(篇章、句段)或作者有哪些?你对这本校本教材有哪些看法或建议?弘扬望城地方文化,你该做些什么?

周会活动上班干部分发事先印好的问卷调查表,要求每位同学针对每个问题书面作答(时间 10 分钟),然后通过小组讨论、筛选优秀答案、选定代言逐题发言(时间 20分钟),最后由班干部评比总结(时间 10 分钟)。会后由班干部整理材料、撰写活动报告提交班主任。

在回答"为何喜爱"问题时我们看到了以下答案:"读来亲切,写的就是我家所在的村镇""读着有感情,写的都是我大望城值得傲骄的文化""《大火熬粥,小火炖肉》这篇文章写真好,我就是用望城方言笑着读完的""我想看看我认识的老师写了哪些文章,写得怎么样";在回答"望城符号"问题时来自丁字镇的同学说:"麻石与我的生活密切相关,我家房子的基石是麻石的,桌子是麻石的,院子里的小路也是麻石的……只是我到现在还没见过麻石姑娘。"

这堂精心策划的班会课有以下主要收获:一是学生的组织能力值得我们充分相信,相互分工,相互合作,能生成新的智慧。二是设制与学生认知密切关联的问题,才能产生情感上的共鸣,学生的身心才会自然沉浸到情境中去,效果终将水到渠成。三是对地方文化的传承弘扬不是靠说教就能起到作用的,它需要我们培养学生学习地方文化的浓烈兴趣,领略传统文化的无穷魅力,去了解、去热爱、去继承、去创新。

### 三、借鉴为文

在上述活动之后,我组织了一次写作训练。这次写作训练分成"审题立意讨论"和"话题作文写作"两个部分。利用两节课的时间完成,第一节课研讨作文审题立意,第二节课学生完成作文写作。

"审题立意"环节大家讨论激烈,畅所欲言。有一个组的看法很有见地,他们认为要写好"我是湖南望城人"这一话题的文章,可以从以下几个方面思考:一是"树立'精神领袖'",如雷锋、郭亮、曾国藩等;二是"寻找'形象代言'",如铜官名窑、洗心禅寺、惜字古塔等;三是"制作'地方美食'",如小钵子甜酒、芝麻豆子茶、黄金园粉丝等;四是"打造'文化标签'",如书堂翰墨、丁字石刻、新康戏曲等;五是"描绘'绿水青山'",如靖港古镇、乔口渔都、黑麋峰……这些分类虽然不尽合理,但至少大家对家乡的文化、对家乡的热爱都发自内心,学生"用我手写我心",真情实感自然会从笔端汩汩流淌。在探讨怎样写好"我是湖南望城人"的基础上,我顺势抛出了"怎样写好'湖湘文化'类作文"和"怎样写'传统文化'类作文"一些问题,学生有了借鉴,立意明了了,思路开阔了,文章架构搭起了,动笔也就容易了。

第二节课,学生开始动笔写作,以"我是湖南望城人"为主题,自拟题目,写一篇不少于800字的文章。学生写作热情高涨,当堂课全部上交了作业。

这次作文训练带给了我新的收获:一是让学生去写自己想写的,才能情动于中,发之于外,"爱"是创作的不竭动力。二是从审题入手,深入进行发散性思维,就会触类旁通、举一反三,就会有意想不到的收获。

**四、彰显精彩**

作文上交后,由语文科代表组织评阅,然后由语文科代表组织讲评。作文计分要求和标准参考高考作文记分要求和标准。"作文讲评"分为个人评改、小组评议(小组选优)、教师点评,张贴佳作几个步骤。

"个人评改"要求每一个同学批改一篇习作,在作文本上根据要求写出分数和评语。"小组评议"即组长组织大家传阅、讨论,交叉阅读习作,根据制定的标准和范围进行修改,并写出评语、签名。然后组长对这次评改进行总结,填写评改记录表,推荐佳作。"教师点评"环节中,对各组推荐的佳作或精彩语段语句,用多媒体展示出来或由习作者本人在全班朗读,大家共同欣赏,并进行集体点评,对有争议的习作求同存异。教师随机点评,以肯定小组意见为主,抓住文章及评改意见的主要优缺点进行评议。最后是"张贴佳作",精心选出七八篇优秀的作为典型例文,写上教师自己的意见后打印出来,张贴到班里黑板报的"语文学习园地"栏目上,让学生反复欣赏比较,借鉴学习。下面选摘一段同学的习作以及小组的点评权作示例:

"湘江河里的风篷,洞庭湖里的网,靖港的小吃有得讲。"来到靖港古镇沿街随处可见小吃摊位,小钵子糯米甜酒、糖油粑粑、火焙鱼、手工面、红薯片、坛子菜等却足以把你的胃口吊得老高,让你垂涎三尺。"甜酒,甜酒,小钵子甜酒……"每次听到这样的叫卖声,我就会想起儿时外婆做的甜酒,总要从羞涩的口袋里慷慨地掏出五块钱买上一份。老板从大酒坛里舀一大勺酒糟,倒入翻滚的水中,又顺手切上几片红枣,敲上一个蛋花,不用几分钟,一碗喷香的甜酒就送到了面前。(某同学习作)

"你的文字飘着甜酒的清香,饱含赤子深情,描写细腻,乡愁绵绵。"(小组长评语)

这次讲评让学生再一次开启了"寻根之旅",进一步深层思考什么是地方文化。当下的中学生,大多出生在城里生活在钢筋水泥的包围中,故土已不在,乡愁无从表,这值得我们每个人深思。《望城地方文化视点》一书会让学生"望得见山、看得见水、记得住乡愁"。所以地方文化承载的是乡愁,是故土情结,是家国情怀,更是一种精神归属。

以上文字,尽量还原了校本教材《望城地方文化视点》在高三某班的使用实况。只是学生们投入的热情,在阅读、思考、写作等方面得到的收获,以及望城地方文化对他们产生的深远影响是难以用几千字的文章来体现的。活动当初曾有人认为"就要高考了,还做这些无用的事,简直是浪费时间",这个班的同学在 2017 年高考中用优异的语文成绩予以了有力的还击。

《望城地方文化视点》一书拓展了学生的视野、深化了学生的认识,带给了学生更多更广更深的思考。文化需要了解、认同、传承、发扬,让我们的学生认识望城、热爱家乡、记住乡愁是我们在教学过程中要完成的主要任务,让我们的学生能拥有热爱家乡、热爱祖国、热爱民族文化的情怀就是有新视角、新理念、高规格、高质量的校本教材应有的责任担当。唯其如此,才能让学生通过"视点"拓展"视野"。

# 《望城地方文化视点》教学方式略谈

◎ 杨　扬

　　《望城地方文化视点》是中国教育学会中学语文教学专业委员会、中国当代文学研究会校园文学委员会、校园文学与语文校本课程教材开发研究课题之校园文学与地方文化类语文校本课程教材开发研究的子课题"望城地方文化研究课程"的研究成果之一。本校本教材由望城区李玉上名师工作室"望城地方文化研究"课题组编写，2016年出版。这部被民间誉为"望城的百科全书"的著作内容丰富，语言严肃又不失文采，可读性和可收藏性非常强。如何将这部著作用于教学实践，发挥其应有的作用？我们做了如下探讨：

## 一、点面结合式

　　望城地方文化博大精深，经过历史的长期积淀，已经以它的独特性渗透到了社会生活的方方面面，对当地的人们产生了极大的影响，要全面深刻地反映出来绝非易事。学生们在生活中更是无时无处不感到文化的作用。但生活中的感受是肤浅的、随意的。所以本校本课程采取截面选点式的方法进行呈现。这样就有了"雷锋精神"和"红色传奇"等20个课目。它们既是"点"，也是"面"。在应用中，教师也不必面面俱到地每个章节都讲解，可采用以"点"带"面"的方式，讲述一个"点"，辐射到与这个"点"有关的"面"。

## 二、图文音像式

　　各种书刊等文字性资源，各种图画、照片等图画性资源，以及视频、电影等音像资源都是我们可以在教学中使用的好资源。这些资源具有简明、直观、生动等特点，对于望城文化的推广起到极大的作用。对这些资料进行恰当地遴选和利用，引入语文课程教学中来，无疑会丰富教学内容，便于创设所需情境，提高学生的学习兴趣，也满足学生不同的学习需要。尤其是近年来望城经常举办各种大型活动，如"最美望城"摄影大赛、环法国际自行车赛，如果教师把这些活动的图文音像资料收集起来，并结合《望城地方文化视点》运用到教学中，自然能收到生动形象的实效。

### 三、网络查询式

信息技术和网络的迅速发展,使得我们的教学开始拓展全新的课堂模式。借助网络,可以打破以往"复习旧知—引入新课—讲授新课—巩固训练"的原有模式,建立起基于网络运用的互动性更强的语文教学新模式。例如,通过微博、网络聊天、电子邮箱等形式来分享成果,发表观点,研讨问题,及时传递信息,加强师生互动。《望城地方文化视点》的第十八课有描绘铜官文化的篇章。但是铜官的文化不只这些,那就要求学生查询相关网站,如"望城视界""今日头条""百度"等,有些学生查找到相关习俗,有些可能查找到重大活动,有些查找到瓷器大师的作品,有些查找到除了谭家坡之外的历史遗址等。

### 四、实践体验式

望城地方文化相当丰富,所以在《望城地方文化视点》教学的课堂之外,还存在着大量鲜活、生动、有价值的大语文课程资源。可以让学生在校内学习课程内容,还可以让学生走出校园,去亲身接触感受望城地方文化。实践体验的资源有如下几种:①自然资源:黑麋峰、团头湖等;②名胜古迹资源:书堂山欧阳询文化园、郭亮故居等;③社区资源:雷锋路社区、民俗风貌等;④场馆资源:博物馆、纪念馆、农场等。组织学生接近实体资源,亲身感受这些实实在在的文化载体,更深刻地领会望城地方文化的精髓,并以此提高学生的观察、综合、鉴赏、审美等能力。

### 五、研究探讨式

研究性学习在中小学中已有十多年的历史,已成为中小学校本课程的重要组成部分,也是提高中小学生探究素养的重要途径之一。对于丰富的望城地方文化,他们有兴趣也有责任将之运用好。这种探索学习是对《望城地方文化视点》教学的深入补充,也是培养学生探索能力的最佳途径之一。如有的班级正在进行一项有关"靖港美食文化"的研究性学习,学生热情高,劲头足,所有工作都在有条不紊地进行着,效果明显。

### 六、调查报告式

《望城地方文化视点》虽比较全面而系统地反映了望城丰富的地方文化,但是对于不断发展中的望城来说,它的日新月异是一本著作很难全面涵盖的。尤其是对于这些古镇群与现代经济、时事政治的关联,对它们的保护措施有哪些,它们在目前有哪些新发展等都很少提及。那么,想要深刻地了解望城本土文化,不仅要关注历史,还需关注最新的相关消息,并尽可能地让师生写出调查报告,以形成正式的成果。

### 七、专题讲座式

望城丰富的地方文化一时半会儿说不清道不完,《望城地方文化视点》里的内容也许还不能满足有些学生求知的欲望,或者有些内容不能满足有些学生的兴趣,那么聘请专业人士来做专题讲座不失为一种好的方式。比如,请陶艺大师讲讲铜官陶瓷的知识,请剪纸大师讲讲剪纸的历史、种类和技巧,等等,这些方法都是行之有效的。

## 八、实物制作式

我国民间的优秀传统工艺,历史悠久,流传广泛,深受大众喜欢,是人民大众的艺术。民间奇艺也是望城丰富的文化中的奇葩,尤其是陶瓷艺术、剪纸艺术和书画艺术。学校可以设立相应的陶艺室、书画室、剪纸室、泥塑室等地方文化室,以满足学生制作或展示自己成果的需要。只有学生真正体验到制作或练习的过程,并以成果竞赛形式展示出来,他们参与的积极性会更高,也才更能体会到民间文化和传统文化的精髓与美好。

以上只是一些粗浅的探讨,所述不一定完全正确,敬请方家指正。总之,无论使用什么样的教学方法,我们都要记住一个宗旨——让人记得住乡愁。

附录:教学设计举例

### 《"一带一路"中的铜官陶瓷文化》教学设计(简案)

1. 教学目标

(1)知识与能力:了解铜官古镇的地理位置、自然特征、人文特征。了解"一带一路"的相关知识,了解铜官与"一带一路"的关联,预测铜官的未来发展状况。

(2)过程与方法:通过对铜官和"一带一路"地图的分析,提高学生的读图能力。通过相关的新闻报道,进一步加深对"一带一路"和铜官古镇的了解。

(3)情感、态度与价值观:分析古镇历史自然环境与社会经济政治发展间的关系,培养热爱家乡的感情。

2. 教学过程

(1)观看新闻:组织学生观看如下视频:习近平主席关于"一带一路"的介绍,湖南经济电视台有关铜官"黑石号"文物考察的报道。

(2)学生阅读《望城地方文化视点》中有关铜官文化的篇章内容,讨论并作笔记,形成对铜官陶瓷文化的认知。

(3)学生上网查找相关资料,了解"一带一路"与铜官的联系。

(4)学生实地参观铜官谭家坡遗址、铜官窑其他遗址和铜官陶瓷博物馆。

(5)以"'一带一路'中的铜官陶瓷文化"为题写出小论文。

3. 预期成果

(1)将"一带一路"中的铜官陶瓷文化编辑成册,供学习交流。

(2)突破教学的"教材—课堂—校园"的框架,使教学走向了自主和开放。

# 漫地诗风任我裁

## ——浅谈"望城古代诗词研究"的基本途径

◎ 龚　君

经过大半年的艰辛探究研讨,"望城地方文化研究"的重点课目之一"漫地诗风"已经取得了初步的研究成果,现将本课目 5 个篇章中研究所使用的基本途径梳理总结如下:

### 一、文献查阅和网络采信

为了保持学术的严谨性、可靠性和资料来源的丰富性、有序性,我查阅了大量的文献典籍,资料来源有《长沙市望城区诗词集注》《唐诗的弃儿》《湖湘文化大观》《杜甫湘中诗集注》《杜工部集》《雍起林陶艺》《长沙窑珍品新考》《铜官感旧图题咏册》《湘军崛起》《中国古代诗歌的发展、特点以及文化研究》《湖南陶瓷》《晚唐五代诗僧群体研究》《疏勒望云图题咏册》《湖湘陶瓷二·长沙窑卷》《全唐诗》《沧浪诗话》《〈沧浪诗话〉的诗歌理论研究》等共计十几种。每一条资料都是通过查阅比较权威的文献而得来,其中《长沙市望城区诗词集注》《雍起林陶艺》两种为内部资料,笔者多次奔波于大学图书馆、地区档案室才检索到可采纳的资料,实在是来之不易。另有网络信息几十条被甄别采用:篇章《望城古代诗歌创作概述》中写到贾谊"写了有楚地民谣风格的《惜誓》,收录在《楚辞》里",这条信息来自学术性较强的百度百科;篇章《风情瑰宝,诗海遗珠》中《君生我未生》一诗的评价来自知名网站"知乎",是考虑到该网站的影响力较大;篇章《浅谈望城古代诗歌对湖湘文化传统的继承和发扬》中"李东阳曾作《长沙 竹枝词十首》"见于知名诗词博主的博客,也是比较有可信度的。

### 二、情境还原和踪迹探访

考察了传说中的靖港曾国藩战败投水处,探访了世代居住靖港码头的老住户,听了多段靖港本地流传的曾国藩与章寿麟的传奇,收获了很多再现当时场景的灵感;参观了规模宏大的铜官窑谭家坡遗址,抚摸了铜官窑的陶瓷器碎片,想象中还原感受了当时"窑火通明两岸红"场景的盛大;参观了长沙市博物馆和湖南省博物馆的陶瓷器展馆,仔细鉴赏了"竹林七贤"罐、"莲花太子"壶等铜官窑陶瓷器的精品,感受了其艺术技巧的高妙;仔细鉴赏了古代窑工生产陶瓷器的场景雕塑,感受了这一产业当时的红火和艰辛,近距离接触这一古老的技艺,仔细探究了当时大众的价值观念、审美情趣和生存状态;追随杜甫在望城留下的足迹,考察了乔口镇正准备重建的杜甫码头和乔江客栈的近状,参观了杜甫写下《铜官渚守风》的守风亭遗址,力求能——探访其踪迹,最大程度地拂开历史的面纱,还原"诗圣"杜甫当时的真实状态。

### 三、层级研究和观点综合

"望城地方古代诗歌研究"是个复杂的问题,为了全面、透彻地研究清楚,笔者采用了"层级研究"的方法,篇章《望城古代诗歌创作概述》是第一层级的研究,是探究望城地方古代诗词"根源"的问题;篇章《浅谈望城古代诗歌对湖湘文化传统的继承和发扬》是第二层级的研究,是阐释望城地方古代诗词最重要的文化"干流"的问题;篇章《风情瑰宝,诗海遗珠》是第三层级的研究,是研究本地古代诗词中的最具特色"支流"的问题;篇章《落花时节逢少陵》和《铜官感旧思纷纷,诗情画意论古今》是第四层级的问题,研究了这条文化长河中风光最秀丽迷人的两处河滩瀑流,这种层级式的研究由大到小,由宏观渐入微观,比较全面周到地研究了"望城地方古代诗歌研究"这个课题。研究中如果采用现成的单一的理论观点的像套用公式,不能体现一种文化现象的丰富内涵,为此研究者采用广泛阅读各种相关理论观点,深入思考综合表述的方法。清代中晚期湖湘文人武将们围绕《铜官感旧图》和《疏勒望云图》题写诗词,这两个事件可以很容易地从诗歌典型理论"兴、观、群、怨"中找到阐释,笔者还综合了诗歌有传承文化功效的观点,认为这两个事件既是"兴、观、群、怨"的现象,又深刻反映了对本地区湖湘文化的继承和发展,从而观点更有层次更有内涵。

### 四、历史联系和史料甄别

在《望城古代诗歌创作概述》篇章中,文章还记载了纷繁复杂的诗词现象和人数众多的诗词作者以及大量的诗词作品,如何思考和清理它们之间的关联是个很棘手的问题,笔者采用了历史联系研究法解决了这个问题,用纵向的历史对比弄清了屈原、贾谊和一众被贬古潭州的失意诗人们的关联和传承,也理顺了楚辞和铜官窑陶瓷器题诗之间的深层链接;在探究铜官窑陶瓷器题诗中集中体现的当时人们的价值观念、审美情趣、生存状态时,参考了大量当时的史料,力求做到历史的客观真实,同时也两相比较,去伪存真,对可能存在的历史偏差做出一些修正。"士农工商"是古代典型的社会地位等级排行,统治阶级热衷"重农抑商",商业无助于社会生产力的发展甚至是全社会的共识,但是笔者查阅了唐代潭州的风土人情的很多相关资料,再根据《男儿大丈夫》一诗的描述,大胆地对正统观念做出了修正:这个时代这个地区的商业地位还是相当高的。

**五、专题调查和引导发现**

我利用作文教学的机会,以命题作文"身边的诗词文化"的形式做过关于望城地方诗歌文化的专题调查,收获了很多意想不到的第一手资料。在此过程中,绝大部分学生都能根据兴趣爱好和生活环境,搜录了很多鲜为人知的诗词(含楹联)作品,有些作品十分珍贵、难得。在平时的课堂教学中,我注意利用与望城诗词文化相关的课题来收集望城地方古代诗歌的资料。具体做法是,设计有针对性的提问,从学生的回答中筛选有价值的信息。比如,在教学《涉江采芙蓉》一课时,涉及民歌对文人创作的影响,当时就要求学生们说一说自己所熟知的望城本地民谣,就有同学提供了《风情瑰宝,诗海遗珠》篇章中采用的一则资料:"六月天气热,扇子借不得。若是硬要借,等到十二月。"另有一首"卷子卷子一,卷子卷子二,卷子卷子三,卷子卷子四,卷子卷子五,上山打老虎"与汉乐府民歌《江南可采莲》的韵味十分接近,虽然没有在课目中采用,但依然值得珍藏。

# 继承诗词之乡传统，彰显望城文化特色

◎ 邱　琼

　　望城，素有"诗词之乡"的美誉，诗词传统源远流长，其中有无数脍炙人口的诗词佳作。《入乔口》《北风》等诗写出了诗圣杜甫晚年颠沛流离中所见的望城山水，所感的羁旅之愁；《洞阳山》《云母溪》抒发了诗人刘长卿仕途失意，在望城所见之景的幽寂冷冽，还有姚鼐的《由桥头驿至长沙》、王夫之的《铜官戍火》、梅尧臣的《丙戌五月二十二日》等无数文人雅士对望城的吟唱。在"望城地方文化研究"的过程中，我始终坚持"继承诗词之乡传统，彰显望城文化特色"的原则，注重让学生感受"诗词文化"的魅力，在学生的心中播撒"诗意词韵"的种子。

## 一、从背诵入手

　　首先，建立诗词汇编。将诗词库范围确定为中小学必背的古诗词和望城古代诗词佳作，即把小学、初中、高中课本中的古诗词和历代文人墨客对望城吟咏的诗词进行整理、汇编，集结成册，印发给学生。其次，进行诵读训练，即利用早晚自习以及课余时间让学生诵读直至能背诵、默写。在训练过程中，我特别强调对"诗意词韵"的理解以及诗歌形式的把握，适时教授学习的方式方法。再次，组织诗词大会，即组织学生开展"诗词大会"竞赛活动，通过必答、抢答、诗句接龙、飞花令等诸多环节的比拼，检验学习的效果，激发学生学习诗词的兴趣，其中特别设置了"望城诗词"主题环节，使"望城诗词"更加深入学生的心灵，让学生更加重视对地方文化的观顾。

## 二、借课堂渗透

　　将诗词写作融入课堂教学，让学生进行诗词创作，这是我一直坚持的课堂教学传统。例如，教出《鸿门宴》一文时，我作示范，写了《叹英雄》："鸿门宴上见干戈，楚汉相争逝日多。败寇成王谁主宰？才谋气性定山河。"学生跟着学，写出了不少佳作，如周涵《赞刘邦》："敌强我弱会鸿门，隐忍韬光能屈伸。言听计从谋士聚，伺机而动得乾坤。"又如，讲授《"月"的意象赏析》时，我示范，写了《明月千秋》："一轮明月照千秋，照尽古今喜与愁。唯愿君心似朗月，天涯尽处是神州。"学生又跟着学，佳作如程彬彬《忆江南·中秋赏月》："佳节至，中夜一银盘。美景良辰秋尚好，家山凝望总无言。心内盼团圆。"这些做法，无疑让学生得到了富有实效的训练。

### 三、向家乡吟咏

为将"继承诗词之乡传统，彰显望城文化特色"落到实处，我特别注重让学生观察家乡风景，感受望城生活，言说自身感悟。其中也有不少佳作，如王俊杰《扬州慢·咏望城》："水阔天空，湘江北去，凭栏目送轻舟。望陶都景盛，想古镇层楼。更看过，群峰翠色，黄花遍野，碧水青丘，可停留，烈士陵园，山径清幽。　书堂遗墨，有欧阳，挥笔方遒。昔郭亮抛头，今朝少女，勇救周周。国盛家和人健，民生乐，老幼齐讴。愿小康同享，九州把酒相酬。"王宇琼《如梦令·桥驿古镇》："水秀山清明皎，夜晚虫鸣蛙闹。石巷涌人流，时有小孩欢叫。繁茂，繁茂，古镇旧姿新貌。"它们写望城人、事、景，虽略显稚嫩，却也"有模有样"，让人欢欣。

有人曾说：不读诗书的人最大的遗憾不是你没有学问，而是你的生命中比别人少了一种感受。我想：执着于传统文化渗透的老师是幸福的，能抛却网游而读诗写诗的学生是富有的。我们沉浸在诗词的世界里，用眼睛捕捉诗意，用心灵感受生活，写下眼中的家乡望城，记下心中的理想追求，让诗情溢满胸怀，让传统发扬光大，我们得到的是美的享受，我们担当的是望城地方文化的彰显，我们延续的是中华传统文化的血脉。

# 望城地方文化研究

—— WANG CHENG DI FANG WEN HUA YAN JIU

◇◇◇ **工作推介**

望城一中校园文学建设再迈新征程＼李玉上

全国校园文学专家莅临我校指导工作＼李玉上

「望城地方文化研究」第二次研讨会如期召开＼再见朝颜

……

>>>

# 望城一中校园文学建设再迈新征程

## ——我校被授牌为"校园文学与语文校本课程教材开发研究实验学校"

◎ 李玉上

2015年3月28日,由中国教育学会中学语文教学专业委员指导、中国当代文学研究会校园文学委员会主办的2015年全国校园文学工作会议暨"文学课堂"观摩研讨会在北京陈经纶中学举行。在本次会议上,我校被授牌为"校园文学与语文校本课程教材开发研究实验学校(2014—2018)"。

近年来,我校致力于校园文学工作的开展,取得了较为突出的成绩。李玉上语文工作室承担了"校园文学与语文校本课程教材开发研究"的子课题"校园文学与地方文化类语文校本课程教材开发研究"的研究任务,着力于校本课程"望城地方文化研究"的研究,其研究成果正在逐步形成,得到了"校园文学与语文校本课程教材开发研究"课题组的高度肯定,所申报的课题得以顺利通过。李玉上老师被吸纳为该课题组的核心成员,望城一中被授牌为"校园文学与语文校本课程教材开发研究实验学校"。

此前,我校先后获得"全国优秀文学校园""全国示范文学校园"等称号。以"校园文学与语文校本课程教材开发研究实验学校"为标志,望城一中校园文学建设再次迈上新的征程。

参加本次会议的有望城一中"校园文学与地方文化类语文校本课程教材开发研究"课题组负责人及其成员3名。他们参加了北京陈经纶中学"文学课堂"的观摩研讨以及2015年全国校园文学工作会议,观摩了申军娟等老师的精彩教学,听取了白烨、顾之川、吴思敬等专家学者的精彩报告,明确了2015年全国校园文学工作的基本任务,增强了"校园文学与地方文化类语文校本课程教材开发研究"的信心。

(本文刊发于望城一中校园网)

# 全国校园文学专家莅临我校指导工作

◎ 李玉上

2015 年 4 月 13 日,著名校园文学研究专家、全国校园文学委员会常务副会长王世龙先生与全国校园文学委员会办公室主任王光第先生莅临望城一中指导校园文学工作。

两位专家首先参观了校园,对望城一中自然清新、干净整洁的校园环境表示赞赏,对以"厚德文化墙"为主体的校园文化建设工作表示极大兴趣。同时,还就校园文学工作与夏育华校长、李玉上书记等进行了深入交流。夏育华校长向两位专家汇报了近年来我校坚持"文化立校",积极推进校园文学工作、促进校园文学发展、李玉上语文工作室的情况及其所取得的成绩。王世龙副会长和王光第主任对此表示满意。他们说,望城一中党政主要负责人都重视校园文学工作难能可贵,望城一中积极借助校园文学平台提升学生素养、推进素质教育的工作难能可贵。他们还就如何进一步强化文学课堂建设、推进校园文学社团活动、加强校园文学与语文校本课程教材开发工作提出了许多宝贵的意见。

(本文刊发于望城一中校园网)

# "望城地方文化研究"第二次研讨会如期召开

◎ 再见朝颜

    2015年5月6日，按照李玉上语文工作室年初工作计划，李玉上语文工作室"望城地方文化研究"研讨会第二次会议在望城一中如期召开，望城一中"校园文学与地方文化类语文校本课程教材开发研究"课题组成员李玉上、龚君、邹寅华、杨扬、姚宇、张婷、刘杜、刘汉辉、邱琼等教师参加了会议。

    研讨会上，课题组负责人李玉上老师首先就"《望城地方文化视点》编写中应该注意的几个问题"、"《望城地方文化视点》【拓展研究】思考题的命题要求"和"关于《望城地方文化视点》的图片采录"等三个方面的问题进行了说明，提出了要求。

    他指出，《望城地方文化视点》的编写要切实注意任务落实、材料选取、主题确定、内容详略、文献使用、考察采风和写作进度等7个方面的问题，并特别强调思想上要高度重视，行动上要积极迅速，确保《望城地方文化视点》编写工作能够如期完成。

    他指出，《望城地方文化视点》【拓展研究】思考题的命题，要注意命题的针对性、拓展性、文学性、简练性和多样性。

    关于《望城地方文化视点》的图片采录，他指出，使用图片的目的是为了增强文本内容的直观性和地方性，同时也是为了体现"望城地方文化研究"课题的过程性和实践性以及增强文本阅读的多样性和愉悦性。他强调，要坚持实地拍摄，突出图片主题，力求画面精美，注重说明清晰，规范图片大小。

    随后，姚宇、刘杜、刘汉辉和邱琼等教师就写作对象内容要点的确定、文稿的文体趋向等问题提出了咨询意见，李玉上老师一一进行了说明。

    他最后强调，调研采访过程中一定要严于自律，不得违反中央八项规定的要求。

（本文刊发于望城一中校园网）

# "望城地方文化研究"课题组
# 到安仁一中观摩学习

◎ 再见朝颜

    2015 年 6 月 27 日，望城一中"校园文学与地方文化类语文校本课程教材开发研究·望城地方文化研究"课题组来到安仁一中观摩学习，受到了安仁一中校长周济龙、纪委书记张金奎等学校领导和语文组部分教师的热情接待。

    课题组教师首先观摩了该校刘贻文老师"文言词语"复习课，然后听取了该校语文组关于课题研究的经验介绍。在经验介绍中，张金奎老师向课题组介绍了该校语文"问题化教学"和"短周期作文教学"等课题的做法和成效，黄芳老师向课题组介绍了该校"信息技术与高中学生语文素养培养有机融合"课题的做法和成效，使课题组成员深受教益。

    课题组领衔人李玉上老师在总结学习体会时说，安仁一中语文课堂"教师教得生动、学生学得主动，充满了生机与活力"，安仁一中课题研究"主题明确、方向正确、活动丰富、重点突出、方法巧妙、教师专注、思维高端、步骤落实、成果卓著"，非常值得借鉴，其他教师也都觉得不虚此行，纷纷表示要把安仁一中的好经验用到自己的工作中。

    课题组成员邹寅华、杨扬、姚宇、刘杜、刘汉辉、邱琼参加了本次活动。

（本文刊发于望城一中校园网）

# 《望城地方文化视点》的视点

◎ 李玉上

　　《望城地方文化视点》是"校园文学与语文校本课程教材开发研究"的子课题"校园文学与地方文化类语文校本课程教材开发研究"的研究成果之一,亦即李玉上语文工作室"望城一中'校园文学与地方文化类语文校本课程教材开发研究'课题组"关于"望城一中校本课程'望城地方文化研究'"的第一个集体研究成果。我觉得它有如下"视点"值得关注。

　　**【视点一】背景:基于课程改革的宏观环境**

　　《国务院关于基础教育改革与发展的决定》明确了"在保证实施国家课程的基础上,鼓励地方开发适应本地区的地方课程,学校可开发或选用适合本校特点的课程"的任务,对此,我们进行了积极的探索。"望城地方文化研究"校本课程及其教材《望城地方文化视点》就是在这样一种课程改革的宏观环境下诞生的一项成果,可以说,认真执行国家关于基础教育改革与发展的政策,对推动学校具体工作具有十分重要的意义。

　　**【视点二】缘起:基于总课题组的大力支持**

　　2013 年 3 月,我接到"校园文学与语文校本课程教材开发研究"课题组(以下简称总课题组)王世龙老师的电话,他热情邀请我参加研究工作。2014 年 10 月,我接到了该课题开题通知。11 月,我应邀率队参加了开题会,正式接受了"校园文学与地方文化类语文校本课程教材开发研究"的研究任务,"望城地方文化研究"就此展开。研究工作特别是《望城地方文化视点》的编写、编辑、出版等工作得到了总课题组王世龙、王光第、钟湘麟等老师的大力支持。可以说,没有这种支持,就没有我们的这一行动,当然也就没有这一成果。

　　**【视点三】内涵:基于地方文化的丰富涵养**

　　望城,历史悠久,文化灿烂。她山水秀丽,人文鼎盛,有湘水承载传奇故事,有欧阳询泼下书堂翰墨,有郭亮播下革命火种,有雷锋成就时代楷模。无论是政治、经济、文化还是民生、民俗、民风等方面都有其丰富的物质存在和精神存在,这种存在,为我们提供了丰富的研究素材。借此,我们采用"截面选点"的方式,从《雷锋精神》《铜官窑火》等 20 个板块 102 个角度对望城地方文化进行了较为全面的探视与勾勒。可以说,《望城地方文化视点》是一本较为全面反映望城地方文化的校本教材和文化读本。

**【视点四】价值:基于文化认知的编写初衷**

编写《望城地方文化视点》,我们坚持以社会主义核心价值观为指南、以本土文化审视为基点、以校园文化建设为己任、以校本教材开发为抓手,着眼于推进校本课程改革、陶冶学生道德情操、着力于挖掘提炼望城本土文化资源、对望城本土文化元素进行较为深刻的文化审视。在文本形式上,我们坚持图文并茂原则,采用理论阐述、实景呈现、拓展思考等相结合的形式呈现基本内容。可以说,我们做如此安排,就是要让人能从中"看得见山,望得见水,记得住乡愁"。

我曾经写过一首《咏树》小诗,诗句是:"朝食玉英暮饮琼,冬凌霜雪夏栉风。临水不辞光阴远,醉将一叶染秋红。"今录于此,以表明我们对校本课程教材开发研究的心志,也望能对读到《望城地方文化视点》的读者朋友有所启发。

(本文发表于《校园文学研究通讯》总第 15 期)

# 校本教材《望城地方文化视点》出版

◎ 李玉上

　　《望城地方文化视点》于 2016 年 9 月由中国文史出版社出版。该书为长沙市望城区第一中学李玉上语文工作室承担的全国校园文学研究"十三五"规划课题、中国教育学会中学语文教学专业委员会重点课题 "校园文学与语文校本课程教材开发研究"的重要成果之一。

　　该书以社会主义核心价值观为指南,以本土文化审视为基点,以校园文化建设为己任,以校园文学实践活动为主线,开发地方语文课程资源,注重丰富学生地方文化知识,陶冶学生道德情操。该书采用"截面选点"方式,力求全面介绍望城地方文化元素及其特征,选材关涉政治、经济、文化,民生、民俗、民风,重要历史人物、重大历史事件,自然风光、人文风情,物质存在、精神存在等诸多方面。编排关涉"雷锋精神""铜官窑火"等 20 个科目和"雷锋精神内涵的十大关键词""题诗绘彩大唐风"等 102 个篇章,并配附有相应实景图片、拓展研究作业题、望城古代诗歌 81 首。是一本较为全面反映望城地方文化的校本实验教材。

　　图书规格为正 16 开本,22 个印张,封面 250 克铜版纸无光压膜,内文 70 克轻型纸印刷,定价 48.00 元。

(本文发表于《校园文学研究通讯》总第 15 期)

# 李玉上语文工作室获评
# "全国校园文学研究先进单位"

◎ 三月三

2016 年 11 月 9~12 日,由中国当代文学研究会校园文学委员会、中国高等教育学会教师教育分会等单位联合主办的 "第六届全国校园文学研究高峰论坛暨全国校园文学成果展评交流会"在张家界市民族中学隆重召开。来自全国各地的 600 多名教师代表参加了本次会议。

在本次会议的 "校园文学课题研究专场论坛"上,我校李玉上老师作了题为《"地方文化研究"课程实施的基本策略——基于"校园文学与语文校本课程教材开发研究"背景的思考与实践》发言,受到与会人员的一致好评。发言说,2014 年以来,我校积极响应"校园文学与语文校本课程教材开发研究"课题组的号召,承担了"校园文学与地方文化类语文校本课程教材开发研究"的任务,积极从事校本课程"地方文化研究"工作,取得了研究工作的初步成果,出版了校本教材《望城地方文化视点》一书。发言指出,要将"地方文化研究"课程落到实处,就应采取认识课程性质、明确课程价值、树立课程目标、规范课程设置、严格课程实施、加强课程保障等基本策略。

在本次会议上,李玉上语文工作室被中国当代文学研究会校园文学委员会、中国教育学会中学语文教学专业委员会、中国高等教育学会教师教育分会授予"全国校园文学研究先进单位"荣誉称号。这是李玉上语文工作室获得"2015 年望城教育奖·优秀教育团队"奖、2016 年"长沙市首届'大洋'优秀名师工作室团队奖"之后获得的又一项殊荣。李玉上提交的论文《文学课堂的筑建》获得论文评选一等奖。

本次会议发布的《校园文学研究通讯》(总第 15 期)以《校本教材〈望城地方文化视点〉出版》为题介绍了李玉上语文工作室承担的全国校园文学研究"十三五"规划课题、中国教育学会中学语文教学专业委员会重点课题"校园文学与语文校本课程教材开发研究"的研究成果《望城地方文化视点》。该期杂志还发表了夏育华《共融民族血脉,同建精神家园》、李玉上《聚焦地方文化,开发校本教材》、李玉上《〈望城地方文化视点〉的视点》等关于"地方文化研究"的研究论文。

　　我校教师杨扬、我校白色鸟文学社在校园文学工作方面取得的成绩也在本次会议的"文学成果展评交流"活动中得到了展示。

（本文刊发于望城一中校园网）

# 课题研究要有担当、有作为

## ——李玉上老师在第七届全国校园文学研究高峰论坛作经验介绍

◎ 袁文奇

由中国教育学会中学语文教学专业委员会指导、中国当代文学研究会校园文学委员会和中国高等教育学会教师教育分会主办的"第七届全国校园文学研究高峰论坛暨校园文学成果展评交流会"于 2017 年 12 月 6—9 日在杭州学军中学召开。大会的主题是"新课改语文教学与文学特长生培养"。在 12 月 7 日下午的"校园文学社团和课题研究专场论坛"中,望城一中语文特级教师、李玉上语文工作室首席名师李玉上老师作了题为《白云留不住,万里独归乡——浅谈校园文学与地方文化类语文校本课程教材开发研究的思想与行为要领》的经验介绍。

在经验介绍中,李老师首先回顾了李玉上语文工作室在"校园文学与地方文化类语文校本课程教材开发研究"中取得的阶段性成果。他说,2014 年 11 月以来,李玉上语文工作室部分成员致力于"校园文学与地方文化类语文校本课程教材开发研究",至 2016 年 11 月,在有关杂志发表了与课题研究密切相关的文章《"校园文学与地方文化类校本课程教材开发研究"实施方案》等 9 篇,出版了校园文学与地方文化类语文校本教材《望城地方文化视点》1 部,在区域内产生了积极的影响,被评为"全国校园文学研究先进单位"。接着,李老师介绍了校园文学与地方文化类语文校本课程教材开发研究的思想与行为要领。他说,要想取得课题研究的突出成果,就必须要有拓荒辟径的担当气魄,要有吃苦耐劳的奋斗精神,要有钩深索隐的锐敏慧眼,要有实事求是的科学态度,要有灵活多样的解难方法,要有学以致用的创新设计。在经验介绍中,李老师特别强调,在课题研究中,教师一定要有担当,要有作为,只有这样,研究的天地才能越来越宽广,研究的成果才能越来越丰硕。最后,李老师简要介绍了目前该课题的进展情况。

李老师的经验介绍受到了与会同行的热烈欢迎和高度肯定。会后,许多老师纷纷向李老师索要经验介绍材料。

(本文刊发于望城一中校园网)

# "白云万里独归乡"2017年征文竞赛成绩揭晓

◎ 三月三

2018年1月8日,由望城区首批"名家工作室"李玉上语文工作室和共青团望城一中委员会共同组织的"白云万里独归乡"2017年征文竞赛成绩揭晓。

经李玉上语文工作室成员严格评审,共有669篇作品分别获得一、二、三等奖,获奖率为65.2%。望城一中高一年级439班赵雪仪同学的《淌过心头的湘情》等563篇作品分别获得"望城一中组"的奖项,其中一等奖140篇,二等奖164篇,三等奖259篇;望城职中财51班李心雨同学的《我寄我心与岳麓》等34篇作品分别获得"望城职中组"的奖项,其中一等奖10篇,二等奖9篇,三等奖15篇;黄金中学1604班李康乐同学的《古镇·民风·乡情》等72篇作品获得"初中组"的奖项,其中一等奖21篇,二等奖23篇,三等奖28篇。

本次活动从2017年12月中旬开始,历时约1个月。在望城一中、望城职中、向阳中学、育红中学、黄金中学、东城中学、乔口中学等7所学校领导和有关语文教师、班主任的积极响应和大力支持下,参赛学生总数达到3200多人,各校初选后提交作品1026篇。

本次活动是李玉上语文工作室"校园文学与地方文化类语文校本课程教材开发研究·望城地方文化研究"课题研究工作的重要组成部分,目的在于引导学生研究地方文化尤其是望城地方文化,探讨地方文化的精神存在与物质存在,了解家乡的民俗、民风、民情、民生,记住乡愁,热爱家乡,同时锻炼写作能力,提高写作水平。

(本文刊发于望城一中校园网)

望城地方文化研究

——WANG CHENG DI FANG WEN HUA YAN JIU

◇◇◇

教师研究成果精选

雷锋精神内涵的十大关键词／李玉上

时刻不忘给生命之灯加油／李玉上

落花时节逢少陵／李玉上

......

>>>

# 雷锋精神内涵的十大关键词

◎ 李玉上

雷锋,一个战士的名字,一个平凡的名字,一个伟大的名字;雷锋精神,一面鲜艳的旗帜,一面时代的旗帜,一面永恒的旗帜。习近平同志指出:雷锋身上"所具有的信念的能量、大爱的胸怀、忘我的精神、进取的锐气,正是我们民族精神的最好写照","雷锋精神是永恒的,是社会主义核心价值观的生动体现"。向雷锋同志学习,我们首先要能牢牢把握其精神实质。在我们看来,雷锋精神的内涵至少包含以下十个方面:

**一、崇高的理想:做人类英雄**

他说:"我……决心做个好农民,驾起拖拉机耕耘祖国大地;将来,如果祖国需要,我就去做个好工人建设祖国;将来,如果祖国需要,我就去参军做个好战士,拿起枪用生命和鲜血保卫祖国,做人类英雄。"正是因为有"做人类英雄"这个崇高的理想,并且为之奋斗,他才成为时代的楷模,成为值得我们永远学习的榜样。

**二、坚定的信念:做一个对人民有用的人**

他说:"我觉得一个革命者活着就应该把毕生精力和整个生命为人类解放事业——共产主义全部献出。我活着,只有一个目的,就是做一个对人民有用的人。"他把人民的困难当作自己的困难,他对待同志像春天般地温暖,他"出差一千里,好事做了一火车",一生都实践着"对人民有用"的诺言。

**三、赤诚的忠心:要献出自己的毕生精力和整个生命**

他说:"为了党,我愿洒尽鲜血,永不变心……为了人类的解放事业——共产主义,我要献出自己的毕生精力和整个生命。"他对党、对人民、对共产主义事业一片赤心,毕生奋斗,把22岁宝贵的生命献给了党和人民,可谓"鞠躬尽瘁,死而后已"。

### 四、感恩的情怀：永做党的忠实的儿子

他说："想今天，我万分地感谢党和毛主席的恩情"，"伟大的党啊，您是我慈祥的母亲，我所有的一切都是属于您的，我要永远听您的话，在您的身下尽忠效力，永做您忠实的儿子。"他无论是当通讯员，当拖拉机手，当推土机手，还是当汽车司机，一切行动都只为报答党和人民的恩情，体现了高度的共产主义觉悟。

### 五、谦逊的态度：自己只是沧海一粟

他说："骄傲的人，其实是无知的人。他不知道自己能吃几碗干饭，他不懂得自己只是沧海一粟……"有成绩时，他不忘告诫自己要谦虚谨慎；有缺点时，他能认真听取领导和朋友的批评意见并切实加以改正，从而使自己不断进步，不断纯粹。

### 六、勤俭的品质：要奋发图强，自力更生

他说："我们要奋发图强，自力更生，克服当前存在的暂时困难，坚决反对大吃大喝，力戒浪费。"他艰苦朴素，把省下的钱捐给国家和集体；他以节俭对待生活，衣物补了又补；他以节约对待工作，被评为"艰苦奋斗节约标兵"。

### 七、集体的观念：时刻都要把集体利益放在第一位

他说："一个革命者，要树立牢固的集体主义思想，时刻都要把集体利益放在第一位。同时还要坚决打消个人主义，因为个人主义对革命不利，对集体有损害。"为保护工厂的水泥，他拿来自己的棉被、褥子覆盖水泥；为抗击暴雨，他不惧艰险参加水库抗洪……在他的心中，人民的利益、集体的利益永远高于一切。

### 八、刻苦的学习：善于挤和善于钻

他说："钉子有两个长处：一个是挤劲，一个是钻劲。我们在学习上，也要提倡这种'钉子'精神，善于挤和善于钻。"他能以"钉子"的"挤劲"和"钻劲"，如饥似渴地学习毛主席著作、文化知识和劳动生产技能，从而使自己"又红又专"。

### 九、敬业的精神：永远做一个螺丝钉

他说："一个人的作用，对于革命事业来说，就如一架机器上的一颗螺丝钉……螺丝钉虽小，其作用是不可估计的。我愿永远做一个螺丝钉。"他能做到干一行、爱一行、专一行，无论在什么岗位、干什么工作，都能兢兢业业、奋勇争先。

**十、无私的奉献：要把有限的生命投入到无限的为人民服务之中去**

他说："人的生命是有限的，可是，为人民服务是无限的，我要把有限的生命投入到无限的为人民服务之中去。"在望城，他把新蚊帐送给了遭受水灾的老大娘；在弓长岭，他把棉衣送给了遇冷的放羊老大爷；在出差的火车上，他帮列车员扫地；在部队的营房里，他帮战友缝补衣服、理发……事虽平凡，但精神却极为崇高。

赞曰：伟哉雷锋，功高德崇。生于望城，平凡普通。爱党爱国，心系大众；刻苦钻研，学用相从；艰苦朴素，奋斗无穷；乐于助人；忠于职守，建业建功。嘉言懿行，千古传颂；道德典范，万民尊同！今日神州，齐心筑梦；高扬旗帜，富强繁荣。湘水举觞，麓山鸣钟。鲜花一簇，寄情万种：风范长存，大哉雷锋！

（资料来源：《雷锋日记》，湖南雷锋纪念馆。本文原载《望城地方文化视点》）

# 时刻不忘给生命之灯加油

## ——深度认识爱学习的雷锋

◎ 李玉上

1961 年 9 月 10 日,雷锋在一份"自我鉴定"中写道:"关于学习方面,我深刻地认识到:要想工作好,就得学习好。工作和学习的关系就像点灯加油一样:点灯如果不加油,就会变得暗淡无光,只有不断地加油,灯才会明亮。人只有不断地努力学习,才不会迷失方向、做好工作,否则就会落后,甚至犯错误。"在这则日记中,雷锋以他独有的思辨力和形象的表达力阐明了学习的重要性。

纵观雷锋的成长历程,踏寻雷锋的成长足迹,我们不难发现,雷锋始终在以学习给自己的生命之灯加油。

### 一、自觉接受中华民族优良传统文化的熏陶

中国是一个有着优良传统美德的国度。在这里,"爱我中华"的博大情怀、"大公无私"的宽广胸怀、"自强不息"的顽强意志、"舍生取义"的英勇气概、"助人为乐"的高贵品质等汇聚而成的传统美德,无不如太阳光辉照耀大地。雷锋在潜移默化中接受了中华传统美德的滋养。童年的苦难没有使他跌入生活的泥沼,身心的创伤却使他站在了人生的高地。从收养他的叔祖那里,他收获了"推己及人、幼人之幼"的善良种子;从家庭的苦难和获得解放的际遇中,他滋生了"阶级仇""民族恨",也获取了翻身得解放、当家做主人的喜悦,更产生了对党、对社会主义制度的无比热爱。可以说,中华民族的传统美德奠定了雷锋成长的文化基础。

### 二、自觉接受马列主义、毛泽东思想的指引

雷锋长期坚持学习《毛泽东选集》。《为人民服务》《纪念白求恩》等篇章都深入了他的脑海。从此,他明确了"全心全意为人民服务"的人生目标。他认识到,只有将人民的利益放在至高无上的地位,才是一个有为青年的价值之所在。他认识到,"人生在世,只有勤劳,奋发图强,用自己的双手创造财富,为人类的解放事业——共产主义贡献自己的一切,才是最幸福的"。他深有体会地说:对毛主席著作,"学得越多,学得越深,思想越开朗,胸怀越广阔,立场越坚定,理想越远大!"事实正是如此,雷锋能够始终把握着

正确的方向,保持着旺盛的斗志,就是因为他不断地学习革命理论。可以说,马列主义、毛泽东思想指引了雷锋成长的思想方向。

### 三、自觉接受身边上级领导的培养和教育

玉不琢不成器,铁不打不成钢。雷锋并非天才,而是一个积极向上、热情开朗犹如璞玉的青年,他需要磨砺,需要淬炼。无论是在农村、在工厂还是在军营,无论是在生活上、学习上还是在工作中,他都能自觉接受上级领导的教诲。从彭德茂乡长那里,他学到了"报效祖国"的思想;从张兴玉书记那里,他学到了"刻苦学习,勤于钻研"的钉子精神和"爱岗敬业"的螺丝钉精神;从赵阳城书记那里,他学到了"艰苦奋斗,永不忘本"的艰苦奋斗精神……可以说,上级领导的培养教育铺平了雷锋成长的前进道路。

### 四、自觉接受英雄模范人物的影响

雷锋所处的时代是一个英雄辈出的时代,英雄模范人物以其耀眼的光芒照耀着雷锋前行的路程。他感动于张思德、白求恩、董存瑞、黄继光、邱少云、罗盛教、保尔·柯察金等英雄人物的光辉业绩。他以他们"全心全意为人民服务""毫不利己、专门利人""为共产主义事业奋斗终生"的思想行为为榜样,决意"坚决听党的话,一辈子跟着党走"。可以说,英雄模范人物的影响树立了雷锋成长的人生路标。

### 五、自觉接受老师、同事、朋友与战友的帮助和激励

一个英雄人物的成长离不开身边人凝聚而成的肥沃土壤。雷锋总是能将老师、同事、朋友和战友的帮助和激励化作前行的力量。思想迷惘时,他接受老师的引导;畏惧困难时,他接受同事的鼓励;犯下错误时,他接受朋友的批评;受到表彰时,他接受战友的警示;走向远方时,他接受"亲人"的嘱托。他不断地修正着自己的缺点,弥补着自己的不足,淬炼着自己的思想,端正着自己的方向。可以说,老师、同事、朋友与战友的帮助和激励营造了雷锋成长的进步氛围。

### 六、自觉接受科学文化知识和专业技术的洗礼

小学毕业后,雷锋参加了望城干部业余文化补习学校的学习,完成了初中学业。在望城县委工作时,他是新华书店的常客;在鞍钢,他时常"溜进"俱乐部的图书馆读书。在农村,他刻苦学习拖拉机驾驶技术;在工厂,他刻苦学习推土机驾驶技术;在部队,他刻苦学习汽车驾驶技术,真正做到了"干一行、爱一行、专一行"。可以说,科学文化知识和专业技术成就了雷锋成长的工作本领。

我们所处的时代是一个学习的时代。对照雷锋,我们真该"好好学习"!

(资料来源:湖南雷锋纪念馆。本文原载《望城地方文化视点》)

# 落花时节逢少陵

◎ 李玉上

杜甫(712—770),字子美,自号少陵野老,世称"杜拾遗""杜工部""杜少陵"等,唐代伟大的现实主义诗人。他一生忧国忧民,人格高尚,诗艺精湛,被世人尊为"诗圣";他毕生致力于诗歌创作,有1400多首诗歌留传后世,深刻反映了当时的社会矛盾和人民生活,他的诗被称为"诗史"。

杜甫生活在唐代社会由"开元盛世"到"安史之乱"的盛衰变化中,一生经历大致可以分为年少优游、科考无果、出仕舛难、漂泊无定、长逝江舟等几个阶段。

他少年时代生活优裕,有志于"致君尧舜上,再使风俗淳",及至晚年,却落得"亲朋无一字,老病有孤舟"的悲苦境地。但他始终心系人民,毕生为人民疾苦而歌,在我国古代诗歌史上树立了不朽的丰碑。

永泰元年(765)四月,杜甫离开成都,经嘉州、戎州(今宜宾)、渝州(今重庆)、忠州(今忠县)、云安(今云阳),于大历元年到达夔州(今奉节)。夔州诗如《登高》:"风急天高猿啸哀,渚清沙白鸟飞回。无边落木萧萧下,不尽长江滚滚来。万里悲秋常做客,百年多病独登台。艰难苦恨繁霜鬓,潦倒新停浊酒杯。"

大历三年(768),杜甫乘舟出夔州,先到江陵,又转公安,年底漂泊到岳阳。岳阳诗如《登岳阳楼》:"昔闻洞庭水,今上岳阳楼。吴楚东南坼,乾坤日夜浮。亲朋无一字,老病有孤舟。戎马关山北,凭轩涕泗流。"

大历四年(769)正月,杜甫由岳阳到潭州(今长沙),又由潭州到衡州(今衡阳),复折回潭州。大历五年(770),臧玠在潭州作乱,杜甫又逃往衡州,原定往郴州投靠舅父崔湋,但舟至耒阳,江水暴涨,困于江中五日未食,幸得县令相救。后改变计划,顺流而下,再折回潭州。冬,在由潭州往岳阳的一条小船上去世。

在湖南漂泊的两年时间,是杜甫人生的最后一段岁月。两年里,杜甫留下了100多首诗歌,其中在长沙所作的就有50多首,包括著名的《江南逢李龟年》:"岐王宅里寻常见,崔九堂前几度闻。正是江南好风景,落花时节又逢君。"

杜甫到达潭州的第一站便是望城,到达望城的第一站就是乔口,有诗作《入乔口》

一首："漠漠旧京远，迟迟归路赊。残年傍水国，落日对春华。树蜜早蜂乱，江泥轻燕斜。贾生骨已朽，凄恻近长沙。"今乔口有杜甫登岸的"杜甫码头"遗迹一处。

后离乔口南行至铜官，遇大风，只得停舟避风，写下了《铜官渚守风》一首："不夜楚帆落，避风湘渚间。水耕先浸草，春火更烧山。早泊云物晦，逆行波浪悭。飞来双白鹤，过去杳难攀。"今铜官有杜甫避风的"守风亭"遗迹一处。

之后，北风稍息，杜甫移舟横过湘江，来到新康，不料风又大作，只得避风于新康，作诗《北风（新康江口信宿方行）》一首："春生南国瘴，气待北风苏。向晚霾残日，初宵鼓大罏。爽携卑湿地，声拔洞庭湖。万里鱼龙伏，三更鸟兽呼。涤除贪破浪，愁绝付摧枯。执热沉沉在，凌寒往往须。且知宽病肺，不敢恨危途。再宿烦舟子，衰容问仆夫。今晨非盛怒，便道即长驱。隐几看帆席，云州涌坐隅。"

一路行来，诗人历尽艰难。据传，诗人还曾到过丁字湾，有《宿凿石浦》诗："早宿宾从劳，仲春江山丽。飘风过无时，舟楫不敢系。回塘淡暮色，日没众星嚖。阙月殊未生，青灯死分翳。穷途多俊异，乱世少恩惠。鄙夫亦放荡，草草凭年岁。斯文忧患余，圣哲垂象系。"此事是否真实，待考。

大历五年腊月，身患重病的杜甫，乘舟从潭州顺流北归。过铜官（一说是洞庭湖）时，预感将不久于人世，遂于"舟中伏枕抒怀"，完成了他生命中的最后乐章《风疾，舟中伏枕抒怀三十六韵，奉呈湖南亲友》。该诗洋洋三十六韵，叙述了自己的病情，回顾了半生颠沛流离的苦痛，并向亲友托付了后事，充满着凄切动人的家国之忧。范曾先生《刘炳森隶书杜诗·序》说它"是金剑沉埋、壮气蒿莱的烈士歌"，"是大千慈悲、慕道沉痛的哀生赋"。

关于杜甫在湖南的经历，文选德先生《杜甫江阁记》中说："时杜公少陵……怀诗人千年永寂之哀……流落湘天楚地，寄居星沙孤舟，把卑湿之地暂作晚年凄惶之所。于时于地，杜陵野老，亲朋无一字，老病无依归。朝登旧驿之楼，不叹扁舟之临风浪；夜醉潭州古酒，唯伤凡马之乱江湖；落花时节，重逢故都旧友；湘春故园，两见客居新燕；奔波岳潭衡耒，放歌九十有四；终老异乡而未返，寝于平江安定之野。"其境"怜矣"，其情"悲哉"！该文还说："少陵一生，未尝一日不以民瘼世乱为念，愁穷忧苦之词，哀生愤世之语，直道当时，足为诗史。谓之忠君爱国，每饭未忘；伤世忧民，毕生不改；德高行范，奉为诗圣。"

诗圣把他生命的最后吟唱留给了湖南，留给了长沙，留给了望城，实乃湖南之大幸，长沙之大幸，望城之大幸！其德其行，后之来者真该一其脉而承继之！

（本文原载《望城地方文化视点》）

# 百尺云梯文星塔

◎ 姚　宇

从望城区东城镇沿着通往湘阴县樟树镇的水泥路向北行进约 3000 米，在道路左侧的丘陵原野中赫然出现一条小溪，小溪的旁边矗立着一座高高的瘦塔，这就是位于东城镇聂家村余家凼的文星塔。

塔本是古代印度安葬佛舍利的坟墓，传入中国后与中国传统文化相融合，产生了四种类型：一为佛塔，又称浮屠，即梵文中的 Buddha；二为风水塔，起镇妖作用；三为特殊标志塔；文星塔是第四种：赋愿塔，即赋予一种愿望、一种寄托。这种愿望、这种寄托，就是希望后代学子好学上进，发奋读书，成为祖国的栋梁之材！

文星塔的诞生不是偶然，它承载了普通老百姓对以读书换取功名的向往，也表达了那时取得功名的读书人"耕读传家"的美好愿望。民间传说中有一个关于文星的故事。据说古代有一个读书人，麻脸瘸腿，但是读书十分发奋，才学出众，先后通过县试、乡试、会试，一直到了皇宫参加皇帝亲自主持的殿试。皇帝看到他形貌丑陋，顿生不悦，皇帝问："你那脸是怎么回事？"他回答："回圣上，这是'麻面映天象，捧摘星斗'。"皇帝觉得这人怪有趣的，又问："那么你的腿呢？"他又回答："回圣上，这是'一脚跳龙门，独占鳌头'。"皇帝很高兴他的机敏，就钦点了他为状元。后来，人们传说这位奇才升天成仙了，这就是主管天下的科举考试的文魁星。各地也纷纷修建文星塔、文昌阁，甚至塑造麻脸瘸腿、左手持墨斗、右手握朱笔的魁星像来顶礼膜拜。在封建时代，发奋苦读的人很多，取得功名的人却是少数，祈求文魁星的保佑自然也无比虔诚了，那么将文魁星供奉在什么地方就成了人们需要慎重考虑的问题了。在中国古代各种样式的建筑形式中，让人仰望的凌云尖塔似乎最能表达人们的这种虔敬之心，于是文星塔应运而生。

走近文星塔，才发现塔并不像远看时那么瘦小。塔基是麻石铺筑的，塔身共有五级，通高超过了 20 米，在望城区现存的 8 座古塔中应该是最高的了。塔身由花岗石砌成，石缝相接处非常紧密，据说，建塔的灰浆是用上好的糯米熬成的，让人惊奇的是，多年的风吹雨打居然没有给这些糯米灰浆带来明显的侵蚀。

塔身呈六面形，每一面的六个角都有飞檐向外伸出。第一层朝北的一面开了一张拱门,第二层至第五层各自开了三张门,每一层都是隔面开设一张,但是上下相邻的两层都是错落开设。据《中国古代建筑史》说,最初的塔是实心的,不需要设门;后来技术发达了,塔的中间设一个支撑重量的塔柱,各层就有设置门户的需要了;再后来,连塔柱也不必要了,设置门户不仅可以减轻塔身的重量,还可以使造型更美观,也可以让登塔者在每一层都看到周围的风景,但是设门的地方往往是支撑力最为薄弱的地方,所以,很多古塔是每层设两个对称的门,各层错开。东城镇文星塔的门户设置看来很有科学根据。

抬头仰望,塔身第一层北面的拱形门楣上从右至左刻有"云梯"两字,而这一面最顶层嵌有一块白色石碑,纵向书刻"文星塔"三个大字,与下面门楣上的字上下呼应。进入塔身,塔内中空,没有梯级可上,但每层衔接处都有天窗,仰望可以看到塔顶里面。塔里顶层北面的那块白色石碑也刻有"云梯"两字。古代有成语"青云直上""平步青云",还有名句"老当益壮,宁移白首之心;穷且益坚,不坠青云之志",不难想象,题字之人对后代学子寄予了多么深切的期望。

文星塔最为抢眼的是塔身上面的塔顶,即塔刹。从建筑结构上看,塔刹有收结盖顶的作用,既要固定塔顶,又要防止雨水下漏;从建筑艺术上看,塔刹往往玲珑奇巧,直插云霄,给人以超脱、崇高的审美感受。这座文星塔塔刹饰有莲花宝瓶底座,莲花宝瓶座上托着两个石柱圆球,远远看去,崇敬与好奇之心油然而生。可惜登顶无梯,不知设计者当初是否别有一层深意:凌云之路不可随意求得,唯有壮志凌云者方能发奋努力直上青云。

文星塔塔身没有详细的文字记载,附近也没有石碑,看着周围的千重稻浪,遥望远处的翠岫青山,心中总觉得塔的来历应该有点故事。没想到归途中的路边小店里,一位须发苍苍的老人告诉我,这塔是当年左宗棠的外祖母余氏家族的人修建的。我一听,不禁一惊,左公的故居位于湘阴樟树镇,距离此地不到二十里,他的母亲确实是余家迍人氏。左公年少时胸怀大志,勤读诗书,虽然只是中了举人,但其才华气度深受陶澍、林则徐、曾国藩的器重,后来被朝廷赐予进士身份,深受慈禧和光绪帝的信任,担任封疆大吏,收复新疆,是晚清的功臣,也是我们中华民族的塞防英雄。按年份推算,建塔的1879年,左公已经62岁高龄,他的母亲也已经仙逝,这座塔也许是余氏族人为了勉励子孙后代效仿左公苦读成才、为国效力而修建的。

若真如此,文星塔清瘦的身影又岂止是通向功名的百尺云梯啊!

(本文原载《望城地方文化视点》)

# 梵音袅袅升，声声沁人心

◎ 李玉上

"春有百花秋有月，夏有凉风冬有雪。若无闲事心头挂，便是人间好时节。"因了这句禅语的启悟，也因了"洗心"二字的吸引，这一天，我撇开一切杂务，去洗心禅寺拜访。

通往洗心禅寺的路其实很简单，如果从望城一中出发，那么经雷高路上普瑞大道过绕城高速桥下向右走不远就到了，行车不要十分钟。

据记载：洗心禅寺原名洗心庵，为明末汉月法藏禅师于 1620 年创建。民国时，寺院规模宏大，殿堂屋宇计有三进 107 间，住僧 70 余人，置水田、山林、菜地 400 余亩，实为长沙河西的一大寺宇。开山以来，寺院佛事兴隆，高僧辈出，如清末中兴长沙开福寺的方丈体辉大和尚、原任中国佛教协会会长的一诚长老等都出自洗心禅寺。

一诚长老，俗姓周，名云生，1926 年生，望城人。历任江西省佛教协会会长、中国佛教协会副会长、中国佛学院院长、全国政协常委、中国佛教协会会长、中国佛教协会名誉会长等。他爱国爱教，以弘法利众为己任，实践着苦行头陀之志向，海内外声誉极高，深受教内外尊重。

一诚长老 1948 年在此出家，直到 1956 年。长老常提知恩报恩，对自己出家之初住了长达 8 年的寺院，一直念念不忘。1986 年 7 月，长老的弟子奉师命察看了洗心禅寺旧址，方知寺于当年"大跃进"时荒废了，当时已片瓦无存，只剩下一株老棕树，长老听后就有了恢复的愿望。新世纪伊始，长老发愿重建洗心禅寺，于 2002 年 9 月委派法脉弟子悟圣为监院，续往昔之胜因，重建三宝福地，再树庄严宝幢。2003 年 10 月开始了重建的第一期工程。2006 年 12 月 28 日举行了盛大的落成开光法会。至此，一座占地 108 亩、总建筑面积 3 万余平方米的崭新的洗心禅寺呈现在人们的面前。

寺院前有占地 42 亩、直径达 108 米的洗心广场，阔大恢宏、蔚为壮观。寺院建筑群布局以中轴线为基准，分左右两厢排列。中轴线上依次是山门殿、天王殿、大雄宝殿和法堂；左厢依次为虚怀楼、西归堂、鼓楼、禅堂和方丈楼；右厢依次为云海楼、客堂、钟楼、斋堂和尊客寮。整个殿宇回廊相衔，融殿、阁、堂、房于一体，庄严古朴，气势宏大，金碧辉煌。又融南北风格于一体，红墙金瓦，翘角飞檐。殿内满堂缅白玉佛像，玉质上乘，雕刻精美。其中三世佛每尊都是用高5.8米、重30余吨的整块玉石雕刻而成，为世所罕有，不失为该寺的亮丽瑰宝。

在大雄宝殿前坪正中央，我们可以看到一座分别代表家庭、事业、健康与财运的"四面佛"，它是泰国泰皇慈善基金会赠送的。"四面佛"是泰国最有名的佛像之一，备受东南亚人民喜爱。佛像材质是纯铜贴金箔，端坐在莲蓬座上，手持法器，金光灿灿，精美绝伦，令人称叹。

佛家圣地，总有袅袅梵音怡人心性，让人在混混沌沌中获得启蒙与开朗。例如，寺里的法华法师在他的《从心开始》一书中说过这么一个故事：在泰国，阿姜查长老居住的森林里，有一条小路，由于雨水的冲刷，出了很大一个洞，每个路过这里的人都用手在那洞里掏一下，看有什么宝贝，但什么都没摸到，于是有人感叹说："这个洞太深了。"有一天，阿姜查长老走到他们身边说："不是洞太深了，而是你们的胳膊太短了。"法华法师解释说，在社会生活中，人要多多地反观自己，多问问自己，很多道理也就明白了。

有一年秋天，在洗心禅寺，我还听悟圣法师讲过这么一个故事：人问："有人打我、骂我、辱我、欺我、吓我、骗我、谤我、轻我、凌虐我、非笑我，以及不堪待我，如何处治呢？"佛说："只是忍他、耐他、敬他、畏他、避他、让他、谦逊他、莫睬他、一味由他、不要理他，过几年再去看看他。"此等修行，真令人虔敬。

佛法即活法。所以，佛法强调遵纪守法，修"十善业"：不杀生而慈心于人，不偷盗而义利节用，不邪淫而贞良守礼，不妄语而诚实无欺，不两舌而无争是非，不恶口而出言慈和，不绮语而言说有礼，不悭贪而慈心施舍，不嗔恚而慈忍积福，不愚痴而多闻增智。

佛门有佛事。佛事有诵经、持咒、静坐、参禅等，其目的之一就在于培养一种安定、清净、祥和、肃静的心态，即如我们平时听说的"宠辱不惊，闲看庭前花开落；去留无意，漫随天外云卷舒"那样，以大度、平和的情怀对待万事万物。

一花一世界，一叶一菩提。通往洗心禅寺的路很近，但走进佛心的路却很远……

寺里的钟声响了，我们可以耳闻心诵"钟声闻，烦恼轻；智慧长，菩提生；离地狱，出火坑；愿成佛，度众生"，领略这钟声的深沉与绵长。

（资料来源：洗心禅寺等。本文原载《望城地方文化视点》）

# 痴迷于书画,情醉于乡里

## ——记著名青年书画家肖东辉

◎ 李玉上

很久未见东辉其人,更是很久未闻东辉其声,心中不免生出些许"郁闷":说好了桃花开时去采风的,说好了东篱把酒秋月下的,怎么突然就这么长时间"一看不见头像,二听不见声音"了呢? 正在我"惆然怅然闷闷然"之际,肖的电话来了:"过来……"于是,我就忙不迭地去了。

这一去真叫我欣喜若狂:他将一本山水画长卷《锦绣望城》沉甸甸地放在了我的手上! 哦,很久很久不见,肖原来是在创作! 记起来了,很久以前,他就讲过要创作一幅长卷的展现望城风土人情的山水画,当时我以为他是说着玩的,哪晓得他是说真的! 哈,肖这人,是有点"重色轻友"——重"色彩"轻"朋友"的!

打开《锦绣望城》,只见"靖港雨韵""铜官春暖""茶亭夏日""麋峰红日""湘江月色""好人故里""洗心禅境""古刹秋晴""湖畔新城""沱市冬雪"等近百个望城景点尽收眼底,主景与辅景、物像与气象、宏大与细微、仰视与俯瞰、放大与缩小、拉近与推远、实写与虚设、彰明与掩遮、浓墨与淡彩、凝重与明快、沉稳与灵动、激昂与平静,等等,可谓一线贯通、一脉相承! 细细考量,我才得知,该卷全长 90 米,高 0.78 米,堪称望城美术史上匠心独具、大气磅礴的山水画作;细细问询,我才得知,该卷耗时 5 年,从收集风光图片到搜罗文字资料到实地采风写生,从创意到构思到描绘到修改到完稿,耗费了他大量的时间和心血,可谓纸上得来不容易、五年辛苦不寻常啊!

著名书画家莫立唐先生观阅《锦绣望城》后评价说:画面内容丰富、笔墨扎实、气韵生动、构图合理,堪称佳作。

东辉其人,我认识他的时间并不长,但是我对他为人的谦和、对他对创作的痴迷、对他对事业的执着充满了敬意。

他是从沩水河畔一个叫沱市的村庄走出来的,孩童时也是个"上得山来捉麻雀、下得田来捉麻怪(麻怪:方言,青蛙之类)"的角色,和其他孩子别无两样,只是对田野间黄黄绿绿的色彩和阡陌纵横的线条格外上心。17 岁时毕业于河北正定育青美术学校。后来担任过中学美术教师,也担任过装饰公司美术设计师。再后来创办了长沙望城东辉书画院,自立于街市,扎根于家乡,痴迷于书画,情醉于乡里。

18 岁时,他创作了《桂林山水》,被《中国书画报》《青年苑》专栏重点推介,有过一天收到全国各地表示祝贺、研讨或请教的来信近百封的"辉煌历史"。20 多岁时,他创作了西北风光题材的《苍颜》,在湖南省首届山水画大展赛中获得大奖。30 岁时,又以一幅以黄土高坡为背景的《新绿》入选第十届全国美展——湖南展区优秀作品展。36 岁时,出版了第一本个人画集《画说望城》,该画集由从他望城本土风光题材的百余幅山水画中精选出的 30 幅作品构成,展现了众多的望城山水人文符号,赢得了人们的交相赞誉,被作为望城建县 30 周年县庆礼品赠送给四方宾朋。

肖东辉现为湖南省美术家协会会员、湖南省书法家协会会员、长沙市望城区美术家协会主席、长沙市望城区老干部大学国画教师,在国内各级报刊发表书画作品 200多幅,《湖南日报》等媒体也曾对他的作品和事迹进行过专题或专栏报道,在美术界产生了广泛的影响。

面对成功与荣誉,他从来就没有过满足与孤傲。一直以来,他潜心于书画研究与创作,一方面刻苦钻研书画理论和名师名家书画技法,不断扩展创作视野;一方面遍访名山大川,进行实地采风、对景写生,不断吸纳创作营养。其中的艰辛与困苦、收获与快乐确非三言两语或几句标签式的感言所能尽述的。

采访中,我了解到,在创作《画说望城》和为创作《锦绣望城》积累素材时的一次险遇就足以让我们感受到他的执着追求与臻于至美的情怀。那一天,雨后初晴,他独自驾车去望城九峰山写生,本来已经收获满满,为了发掘更美的风景,也为了挖掘更加独特的素材,走在返程路上的他,竟然又折回驶进了一条弯多坡陡、人迹罕至的泥泞山道,去寻找新的境界。直到暮色苍茫、尽兴而归时,却不料车崴进了一个湿滑的陡坡泥坑中,左边石壁陡峭,右边悬崖万丈,那情形概括起来就是"恐怖"二字。好在有当地一农家走出三人帮忙才以九牛二虎之力把车拖拽出来……他说,他的实地采风,每至一处,都要对景描之、摄影记之、静坐悟之;有些地方去过十多次,在这地域并不算太大的望城,他采风的行程却达几千几近上万公里。

这让我生出了一个新的感悟:艺术的强大,往往不在艺术作品的强大,而在艺术精神的强大,更在于坚执于艺术精神的行为的强大。

他那书画院的墙上挂着两幅字,一是"上善若水",一是"真水无香",落款均为"东辉""肖"。但见那字:一草一隶,如行云,如金石。嗨! 真个是字如其人!

(本文原载《望城地方文化视点》)

# 有一句港一句

## ——望城方言俗语简介

◎ 李玉上

在望城，特别是望城的农村，如果参加某个宴会，席间你就会不时听到一个高喊的声音"wò 哒"。粗听，有点像"卧倒"，以为是谁在提醒人卧倒。你正疑惑是不是要卧倒的时候，一热汗淋漓的汉子正端着一盆热气腾腾的大菜从你身边经过，"wò 哒"就是他喊的。原来，望城方言俗语中的"wò 哒"不是"卧倒"，而是提醒人们注意不要被烫着的意思，那个只有音而无形的"wò"字就是"烫"字。比如，把白菜、衣物等放开水里烫一下再拿出来这个意思在望城方言俗语中就是"wò"。有音无字但要记录，怎么办? 那就用别的字来代替。比如，"有一句港一句"中的"港"代替的是"讲"这个意思，"打港"就是交谈、聊天的意思。

既然是方言俗语，那么这方言俗语必定与望城本土地域文化密切相关。望城地处所谓"八百里洞庭"的南岸，江河湖塘遍布，其方言俗语也必定与湖、与水有关，例如，"出不得湖"，表示走不出某个湖，引申为只能在某个小范围内出现或起作用，也指拿不出手。"腰河里发水"，腰河，河流的支流;本句是指行事过程中半中间故意刁难，提出不合情理的意见，使出不合理的招数，以使事情难以进行下去。其他如"乌龟打浮(念 páo)泅——现壳(念 kuó，谐'阔')"，意思是并不富裕却要显摆自己的阔气;"船到靖港口，有风都不走"，意思是靖港很繁华，人到了靖港就乐不思蜀了;"船过得，舵过得"，意思是提出的想法、采取的措施要能合乎对方意愿，使多方都能接受;"洞庭湖的老麻雀——见过几回风浪"，意思是见过世面、经过风险，不一定能被吓唬住;"百篙撑船，一篙到岸"，意思是做事要善始善终;等等，都很有望城地方色彩。

望城人也很有点吃得苦、霸得蛮的湖湘文化精神，能够体现这种精神的方言俗语也不少。例一，"虎瘦雄风在"，比喻人虽老但锐气犹存。例二，"人一个，卵一筒"("卵"，雄性动物生殖器，念第四声;"筒"，条。粗鄙话。下同)，意思是不计后果，彻底豁出去了。例三，"霸要霸点蛮，耐要耐点烦"，意思是做事要不怕困难地硬干也要充满耐心地慢干，其重点还是要有耐心，不要性急。例四，"向天一筒卵，仆起卵一筒"，意思是自己硬气十足，无所畏惧。例五，"没有过不去的河，没有爬不上的坡"，意思是一切困难都是可以战胜的,要能坚定信心,要能迎难而上。例六,"要何里,就何里",意思是要怎么样就怎么样,含有什么都不怕的意味;有时也有耍无赖的味道。例七,"娘有爷有,要自己有",意思是要能自立自强,不靠前辈吃饭。"翻哒船冇一脚背深的水",意思是做事即使出了意外状况也没什么了不起,根本不值得也不应该气馁。例八,"聋子不怕雷",意思是不管外界反应怎样都坚持自己的做法,用在自己就有自矜自伐的味道,用在别人就有揶揄讽刺的味道。

以上这些方言俗语听起来还是多多少少能揣摩出一点含义的,但另有一些是听不出真正的含义,必须深入"体验"甚至是要"翻译"的。例一,"耶(念第二声,下同)卵""耶得卵"等,在不同的情况下表示不同的意思:有时是表示事糟糕后而觉醒、自责的意思,如,耶卵,我又忘记了把钱带过来;有时是表示放弃、罢了、算了的意思,如,冇带钱耶卵咯,下次记得带就是了;有时是表示豁出去做某事、不计后果的意思,如,管他呢,身上还是不带钱耶卵。例二,"起棚"是聚集人员、做好准备、开始做某事的意思,"冲棚"是为吵架、打架壮胆或者是为某事帮忙以给事主面子的意思,"吵棚"是吵架、吵闹或者是故意通过吵架、吵闹的方式干扰人家做某事的意思,"散棚"是事情结束、大家散去的意思。例三,"碰哒亲戚",指碰到了出乎意料的、倒霉的事情,如,真是碰哒亲戚,今天刚一出门就把钱包折噶哒(丢失了);有时也用来指摘对方糊里糊涂干蠢事或用来否定对方不合情理的意见或做法,如,你咯是碰哒亲戚哦,钱包怎么会折噶哒呢?"碰哒鬼""鬼寻哒""起早哒"等与"碰哒亲戚"同义。例四,"下不得地",一是指自高自大、自以为是,如,你看他那下不得地的样子,一世都冇见过;二是指事情几乎到了不可收拾、问题到了无法解决的情形,如,哦伙,我话还冇港(讲)完,她就要死要活,就下不得地了;三是指程度深,如,他们两姨夫啊,那关系硬是好得下不得地哦。这类情况还有很多,如"油盐坛子"(关系非常好,心相连、影相随的意思)、"夜饭菜"("夜",念 yǎ,夜晚。本句指容易受到欺负的对象)、"七里八里"(啰里啰唆地讲怪话)、"扬五六尘"(指不正经或情绪不合常情)、"信古六天"(无根无据、不负责任、乱七八糟地讲话)、"无十吧黯"(时间很晚)、"挺得壁子上"(说话、做事使人极端为难、毫无退路)、"呷烂肉"("呷",念 qiá。丧事期间到丧家吊唁、吃饭),等等。

方言是一种十分复杂的语言现象,要熟悉它就要下番苦功。受多种限制,它的使用范围不是很广,外人理解起来也比较困难,所以我们还是要学好、用好普通话。

(本文原载《望城地方文化视点》)

# 乔江一曲波涛远，书院千秋卷帙香

## ——乔口镇乔江书院小记

◎ 刘汉辉

　　乔江书院坐落在长沙城北 90 里的乔口镇内街中心地段，因北临乔江河而得名，其前身为宋徽宗崇宁年间（1102—1106）所建立的三贤堂。至元代元统年间（1333）同乡人黄澹设义学于祠，名为乔江书院，后元顺帝亲书匾额，乔江书院因而声名远扬，在当时，声誉堪比岳麓书院。

　　明代洪武年间，乔江书院毁于大火，乔口百姓旋即重修，虽然简陋，但书院精神仍得传承。公元 2011 年，为弘扬中华传统文化，乔口镇政府予以重建。复建后，书院规模超过历代，景致宁静、清幽，是陶冶性情、休闲养生的好去处。

　　书院正门悬挂着由元顺帝诏赐的"乔江书院"匾额，这四字是用蒙、汉两种文字书写的，似乎在告诉人们乔江书院特殊的身份和久远的历史。门前"行同道合，思与贤齐"的金文对联古色古香，意思是我们的行为与修养要符合仁道，我们的思想和品德要向先哲圣贤看齐。穿过长廊，从西门进入，书院院训"明德""敏行"四个金色大字映入眼帘，"明德"意为弘扬光明正大的品德；"敏行"意为勉力修身。院训中间则是黄澹好友许有任大人题诗《题乔江书院》，诗中叙述了黄澹设立书院时"忍贫如铁石"的艰难和办学后"旌佩来济济"的热闹场景。其诗情真意切，可见他也被好友的办学热情所感动。

　　呈现在游客眼前的第一个展厅是弘原堂。"乔江一曲波涛远，书院千秋卷帙香"，千年的书香传递在此一一展现。"乔江书院简介""修乔江书院疏""乔江书院纪略"等文字纪要；亲赐诏书的元顺帝、上奏折的许有任、第一任院长黄澹、乔口名臣刘权之几位的画像和简介，书院春秋，千年史实，浓缩在这百平方米的展厅，让人心生感慨："昭昭硕德，式扬耿光，永存碑口。"（清·袁相国《乔江书院纪略》）

　　弘原堂往前就到了世学堂。门前"声闻楚域，香醉墨亭"楹联笔画圆润饱满、意蕴铿锵深远。堂中央为乔江书院第一任山长（院长）黄澹的坐像。堂内还有何仁浩、莫迎武等当代湘籍书画名家的画像和作品相伴。世学堂前庭院，元翰林御史、中书左丞相许有任和院长黄澹的雕像矗立期间，坐南朝北的白墙上许大人的《修乔江书院疏》在阳光的照射下字字生辉，似在述说着那段不平凡的历史：宋时修建的三贤堂，至元代已像毁祠空。元统年间,乔江人黄澹字文复"欲复俎豆之礼,兴风雪之咏。"但自己一介书生,虽"倾囊肇修",也如杯水车薪。恰逢长沙县令许熙载"唱义学、效河汾、兴师礼、训诸生"(其弟子修建了以其号东冈为名的东冈书院),黄文复如遇救星,专程拜会许县令,并上呈办学的经历和困难。县令素礼贤下士、重学问,又为其诚心所感,就嘱其子时任御史大夫许有任全力帮助。许、黄两人知音相会,相见恨晚,不久,许有任随黄澹游洞庭、赏君山、登岳阳楼,考察乔江书院的规模、影响、困难之后,随即写成《修乔江书院疏》上呈元顺帝,顺帝欣赏黄澹"以笃古为人师,以兴废为己任……",于是御笔亲书"乔江书院"四个大字,并拨官银数千两,命快马传至乔口,因此乔江书院成为长沙继岳麓书院、城南书院、东冈书院之后第四个皇帝御赐匾额的地方书院,乔江书院从此焕然一新,名扬湘楚。让两位给书院带来生机的重要人物在文字的光辉下永垂不朽,我们不得不赞美设计者们的匠心独具。

庭院东面是福寿堂。一"福"一"寿"两字红漆宽笔近米高,走笔如游龙分立墙体两侧,与堂内易图境先生的绘画展相映成趣。庭院东南角有好学轩,轩内是欧阳笃材先生的书画展,好学轩有回廊与三贤祠相通,印证了藏书、供祭和讲学是构成书院的"三大事业"。向北穿过小回廊就到了北庭院了。来到庭院中间,北面石刻诸葛亮《诫子书》中经典名句"夫君子之行,静以修身,俭以养德,非淡泊无以明志,非宁静无以致远";西面是会文堂,设有曾涤尘油画展,一幅《杜甫乔江泛舟》就让你倾服不已;东面博雅轩,是有着"楹联泰斗""当今章草第一人"之美誉的余德泉老先生的书法楹联展;南面墙上刻有《弟子规》全文,并设有长椅供众人休息赏鉴。

书院被认为是古代的图书馆,与书就有着密不可分的联系。北院二楼就是乔江书院的藏书阁了。这是整个书院最高层的部分,阁内古典经书分类排列、名家著作琳琅满目。书院藏书利用率高,读者对象广泛,人数众多,大大促进了封建社会教育事业的发展,有效地传播了民族的传统文化,造就了一批批有用之材。

满院书香,令人陶醉;景致怡雅,使人流连。既没有官府园林的隆重奢华,也没有私家园林的浮躁花哨,但无论你站在哪个点上,都会有楹联书画、花草树木、回廊雕窗、青砖白墙,眼前总是构成一幅完美的图画。在堂前堂后,庭院之间,回廊过道中又总有些特别的安排,或一丛两丛继木,或三株两株茶花,或一片夹杂着小花的草丛与青砖黛柱,方灯书画,名言警句相融,既有自然的生态美,又有典雅的人文美,这是传统与现代、民俗与书香、湖湘特色与乔口韵味的高度结合。

(资料来源:《乔口历代诗文选注》《乔江神奇》等。本文原载《望城地方文化视点》)

# 题诗绘彩大唐风

◎ 姚 宇

"君生我未生,我生君已老。君恨我生迟,我恨君生早。"这是出土于长沙铜官窑瓷器上的题诗,1992年中华书局版《全唐诗补编》(陈尚君辑校)收录后,江西德兴诗人程东武借题发挥,敷衍成组诗;后来又经人谱曲,改编成为歌词,传遍大江南北,且被人誉为最凄美的古诗。大唐繁盛之时,我们尚未出生,但我们可以通过长沙窑瓷器上的书画装饰图案去了解大唐海纳百川、融会贯通和锐意创新的宏大气魄,去感受唐人的自信精神与开放胸怀,从而释去"君生我未生"的遗憾。

## 一、唐诗浸润的彩瓷文化

唐诗承载着大唐的兴衰和荣辱,也托举了中国文学的光华和璀璨。长沙铜官窑瓷器上出现的唐代诗文,展示了那个时代的社会风尚与文化趣味。这些题诗大部分是未见于史籍的市井里巷之作。从题材角度来看,主要有六类:

其一,反映离别相思的。以羁旅思怨居多。如:"夜夜挂长钩,朝朝望楚楼。可怜孤月夜,沧照客心愁。"

其二,反映边塞征战的。以苦寒思乡为主。如:"一日三场战,曾无赏罚为。将军马上坐,将士雪中眠。"

其三,反映宗教思想的。以劝善报缘为主。如:"圣水出温泉,新阳万里传。常居安乐国,多报未来缘。"

其四,反映商贾活动的。以求财谋富为主。如:"人归千里去,心画(尽)一杯中,莫虑前途远,开航逐便风。"

其五,反映社交经验的。以告诫社会生活经验和交往的礼仪为主。如:"小水通大河,山深鸟宿多。主人看客好,曲路亦相过。"

其六,反映生活情趣的。以谐趣为主。如:"天吞日月明,五月已三龙。言身一寸谢,千里重会撞(钟)。"

长沙铜官窑瓷器上的唐诗,隐隐的伤情和无奈多于积极的希望与热情,这是盛唐过后的社会现实的真实反映。题诗并非刻意而作,多为窑工随手而写,甚至还有不少错字别字,但率性自然,朴实浑厚,真实地反映了当时劳动人民的生活状况和内心情感。

**二、相立相融的多彩瓷画**

长沙铜官窑瓷画从艺术技巧的角度看来,釉下点彩、线彩、条彩、斑块彩大量出现并呈现独特风格,其中釉下线彩直接继承了中国画的线条艺术,而条彩、斑块彩则在传统的中国画技法中融入了西方绘画的因素;从内容上看,突破了仙佛、神兽等传统题材,代之以现实生活中的山水、花鸟、人物和装饰图案,其中连珠纹、莲花、椰子、狮子等图画内容明显受到异域风格的影响。

其一,瓷画花鸟。长沙铜官窑瓷画花鸟题材最为丰富,又可以细分为花草、雀鸟、走兽等类。花草类有梅、兰、竹、菊、莲等,色块大胆,有中国画的写意风格;雀鸟类最多,如凤、雁、雉、鹤等,特别值得一提的是凤的形象,凤是女性的象征,唐代女性几度执政,民间对凤尤为重视。从凤鸟的图案看,以褐彩线条为主,线条极细,然而刚劲有力,嘴、羽、眼等部位非常精细;褐彩线条之外,再以绿彩柔线渲染,使图案变得鲜活。走兽类有山羊、鹿、豹、狮、獐等。

其二,瓷画山水。长沙铜官窑瓷画山水不多见,但风格独特,不容忽视。其山水画呈现鲜明的写意风格,不像花鸟瓷画一样有鲜明的线条,而是以点彩和斑彩为主,产生中国画的点染效果,尤其是远山,仿佛烟雨迷蒙,颇有意境。

其三,瓷画人物。长沙铜官窑瓷画人物出现较少。最有名的是青釉褐绿彩竹林七贤诗文瓷罐。罐身饰以褐绿点彩,罐腹一面以褐彩绘两高士相对而坐,高士头戴高山冠,身着宽衣长袍,罐腹另一面书七言诗:"须饮三杯万士(事)休,眼前花发四枝(肢)柔。不知酒是黄泉剑,吃入伤(肠)中别何愁。"此罐集诗书画于一体,人物神态各异,栩栩如生,诗句通俗活泼,契合人物性格。

其四,瓷画纹饰。长沙铜官窑瓷画装饰图案于外销的褐斑贴花瓷器上多见,常见的有莲纹、云纹、菊纹、蕨纹、连珠纹、山峦纹等,这些纹饰不仅有中国传统文化的韵味,还受到了波斯萨珊王朝装饰纹样和印度佛教文化的影响,呈现鲜明的异国情调,反映了长沙铜官窑勇于吸收外来文化,主动适应国外市场的特点,这也是长沙铜官窑存在时间虽短但产品却遍布世界各地的重要原因。

长沙铜官窑瓷器上脍炙人口的诗歌、题句是《全唐诗》之外的民间唐诗库,瓷器上的大量彩绘真迹是唐代民间艺术的再现,独特的造型和装饰艺术是两汉以来中外文化交流的积淀。在开明和包容的社会背景下,各种文化观念、宗教思想和民俗风情自然相融,承载了人类共有的精神和情趣,从这个角度来说,长沙铜官窑的诗画装饰艺术是世界文明的重要组成部分,穿越千年而魅力犹存。

(本文原载《望城地方文化视点》)

# 归于平静的波澜

◎ 刘　杜

从西大门进入靖港古镇，第一眼看到的是一堵古朴的灰瓦白墙，墙边一簇簇青翠的竹子，疏影横斜，犹如宣纸上的一幅水墨丹青，仿佛两个世界由此分隔。果然，穿过中间那一道窄门，映入眼帘的便是另一个世界，一道石门赫然耸立，顶上刻着几个醒目的金色大字——靖港古镇，还有一副对联：桨声随沩水西来粮茂鱼肥彻夜笙歌吟靖港，帆影顺湘江北去风高浪疾一篙烟雨叩荆门。登高远望，靖港古镇的风光就尽收眼底了。芦江水波粼粼，不由得让人想起那一句"滚滚长江东逝水，浪花淘尽英雄"。不同的是，宽阔的芦江水面清澈而平静，历史在这里并未表现出沧桑，更多的是一种积淀与厚重。

这里的人们喜爱芦江，所以曾将这个美丽江南小镇命名为芦江，又因沩水由此注入湘江，人们给她取了另外一个名字——沩港。那"靖港"这一名称又是从何而来呢？原来是由于一位英雄！

唐朝是名将辈出的时代，如李靖、苏定方、郭子仪、李光弼等，他们为大唐盛世的开创做出了不可磨灭的贡献，而这些名将中，既能征善战，又才兼文武的，当数卫国公李靖。李靖原为隋将，后为李唐所用，他一生南平江南，北灭突厥，西定吐谷浑，显示了非凡的军事才能。唐代开国之初，李靖曾奉唐高祖之命，领军击败萧铣平定江南，并镇守长沙湘江一带。他的兵营驻扎在沩水港口。李靖治军有方，对部下又要求严格，因此李靖的军队纪律严明，很受老百姓爱戴。清朝同治年间的《长沙县志》说："唐李靖驻兵于此，秋毫无犯，百姓德之，名曰靖港，以志不忘。"后来他离开长沙去漠北，人们怀念这位英雄，于是将他驻扎过的"沩港"改名"靖港"。

走在麻石铺成的小巷中，望着眼前满眼碧波，我试图寻觅这样一位大将的踪迹，也许他也曾踏在这块土地上，英姿飒爽，整顿军容，校阅水军。夜深人静时，他是否也会当空对月，追忆往事……年少时与舅舅韩擒虎谈论军事，舅舅那一声"可与论孙、吴之术者，惟斯人矣"的称赞，是否早已预知他今日的成就？隋朝衰败，若不是当初李世民的慧眼识珠，自己是否早已身首异处？也许一个满怀壮志的人，就注定这一生不会平庸。他或许不会想到，接下来还有多少重任等着他，北方的突厥等着他去平定，63岁高龄的他还要出征西部,平定吐谷浑的动乱……所幸的是,千古之后,他的英名和传奇故事在人间传扬,又有这样一个小镇,用最简单也最深沉的方式,深深地记住了他。这个小镇就是靖港!

李靖将军走了,多年以后,小镇迎来了一段不平静的岁月……沿着小巷独行,走到"亲水平台"处,远远望见一艘古老的战船沉在水中,木制的战船独立江中,古镇的人们都知道,那是晚清四大名臣之一曾国藩留下的遗迹。后人曾这样评价他的一生:"曾国藩被誉为晚清'中兴名臣',创办洋务,不愧为洋务派领袖;著作丰富,可当之为学者;研究古文辞,无忝于文人;治军有方,调配得宜,堪与古代兵家相媲美;拥兵而不自重,善权变而又谦退,足见道德修养功夫之深厚;吏治清廉,教养兼施,鞠躬尽瘁,以身作则,不啻为青天,治家有道,关怀子弟,亦为后人楷模。"我们姑且不去讨论这评价是否全面,历史的问题本来就是错综复杂,没有定论的。而这样一位名臣跟靖港结缘,则是跟太平天国运动有关。公元1852年(咸丰二年),太平天国运动已席卷半个中国,尽管清政府从全国各地调集大量官兵来对付太平军,可是这支腐朽的队伍已不堪一战。清政府屡次颁发奖励团练的命令,力图利用各地的地主武装来遏制太平军势力的发展。1853年,借着清政府急于寻求力量镇压太平天国的时机,曾国藩因势在家乡湖南一带,建立了一支地方团练,称为湘军。1854年2月,湘军倾巢出动,曾国藩动员了当时广大的知识分子参与到对太平军的斗争当中,为日后的胜利打下了坚实的基础。然而,也就在当年5月,曾国藩领导的湘军在靖港与太平军昏天黑地大战了一场,曾国藩被太平军石祥贞部击败,投水自尽,幸得被部下所救。曾国藩的一个幕僚王定安在一本名为《湘军记》的书中,记载四月初二日靖港之败时提到:(曾国藩)"亲率战艇四十,陆勇八百,水急风驶,须臾追贼垒。战不利,水师骤返,为贼乘。陆军与团丁亦溃,夺浮桥走。国藩不能止,发愤投水,左右负之出,乃回省城整兵。"

透过眼前的这艘战船,我们仿佛看到当年两军在水面鏖战的情形,鲜血染红了芦江原本清澈的河水,尸横遍野,一位满面愁容的老臣独立船头,目睹着自己呕心沥血亲手组建的军队不堪一击,成为敌人的刀下亡魂,眼看着心血就要付诸东流,自己也颜面尽失,便老泪纵横,愤然向江心一跃,希望以此结束自己坎坷的一生……眼前的江水波光粼粼,当年的血迹早已被冲刷干净,那战船上的身影却依稀存在。

江南的小镇是载不动太多历史的凄风苦雨的,这样的波澜足以让她铭刻在心!

(本文原载《望城地方文化视点》)

# 黄泥铺村的"当家人"

## ——记"雷锋式村官"朱学武

◎ 李玉上

认识朱学武,是在 2012 年 7 月 11 日"望城区创先争优活动表彰暨朱学武先进事迹报告会"的会议上。那天,来自区内各乡镇、各区直部门的党组织书记和党员代表聆听了朱学武的先进事迹报告。我是听报告的一员,深为感动,当时就想一定要写写朱学武,让他的事迹传遍四方,让人们看看一个普通的共产党员、一个普通的村官是怎样以雷锋为榜样、全心全意为人民服务的。可是,好几年了,这个想法一直没有落实。现在,终于有机会了,一定得写,因为他挺立于望城地方文化高地的雄姿令我敬仰,也因为如果不写这样的人,那我的文字写得再多也没有意义。

朱学武(1956—2012),男,黄泥铺村人,中共党员。1975 年高中毕业,后凭自己的聪明才智和勤劳不倦,从木工做起,做电工、水工、泥工,最后于 1989 年做成了湖南省第六建筑工程公司的一名合同制工人。后来,他成了一个工程队的负责人,年收入约 20 万元,公司还为他配备了住房与小车,并把爱人安排到公司上班……在人们的眼里,朱学武算得上是一只"山窝里飞出的金凤凰"和一个"地方上数一数二的角色"了。

1999 年,朱学武被一位老党员推荐参加村级换届选举,当选为黄泥铺村党支部书记兼村主任,干起了月薪 120 元的"村官"。强烈的收入反差且不去说,就连别人欠他的 30 多万元的工程款也就此"冇看见影子",自己近 40 万元的工程机电设备也是半卖半送地"处理"掉了。自此,他面对的是一个"山里溜光的,塘里焦干的,夜里蔸黑的,路上稀烂的"的"无路、无电、无水、无钱"的"四无"山村,而且还要面对不明就里的人的无端猜疑、公开反对和暗中搅和……

我没有问过他为什么要放弃"金盆子"接下"烂摊子",但是,我相信,他有挚爱故土、情倾乡亲的情怀,他有竭力建设社会主义新农村的使命担当,他有"舍小家,为大家"的精神风范。我更知道,在"村官"这一岗位上,他一干就是 13 年,使一个民风差、底子薄的贫穷村、落后村变成了一个"文明村""两型社会建设示范村",他也成了老百姓心中名副其实的黄泥铺村的"当家人""雷锋式的好支书"。

朱学武深知,治贫治穷的首要任务是搞好水、电、路等基础设施建设。上任伊始,他的"第一把火"就烧给了"天晴一身灰,下雨一身泥"的"黄泥"路。村里没有钱,他自掏腰包装了 15 车石料填补那些年久失修的路段。至 2012 年,使全村完成了 15 公里道路硬化,拓宽拉通了 6 条村内主干道,更使家家户户通上了公路。

在农网改造过程中,有村民交不上户表费,他就瞒着爱人把两个孩子的学费 1.5 万元交了出去。为了架起真正属于黄泥铺村的电线,改变"左边一盏灯,右边一盏灯,中间还要点盏煤油灯"的尴尬局面,他一个人揣着 100 多元钱到望城县城去寻求解决问题的办法,一连等了 4 天,最终把需要的资金、材料一一落实到位,然后把架线指挥部、工人食堂安在家里,让妻子一边上班,一边为工人们烧水做饭,自己则起早贪黑守在工地。45 天后,黄泥铺村的夜晚彻底点亮。

2004 年,村里一条渠道没钱修,为了不影响灌溉,他竟然将妻子做手术的钱挪到了渠道的整修上,活生生将爱人的手术时间推迟了一个月,最后被岳父母"骂"得"蔫头耷脑"。至 2012 年,全村新建抗旱机台 5 座,修通硬化渠道 3.5 公里,清整山塘 30 口,整修河坝 1.2 公里,架设桥梁涵洞 5 处,完成了土地整理 2500 亩。

朱学武深知,治理乡村,既要有"铁腕"改变乡村的面貌,又要有"柔情"温暖乡亲的心灵。有和他有过"恩怨"而担心他不肯帮忙者因为要办矽肺病补助找到他,他二话没说,开着私家车四处奔走,直到补助办下来。有因滥砍树木被他处罚过而视他为"仇人"者缺钱建房时,他主动借去 2 万元。有 85 岁高龄且患有老年痴呆症者,是他送去就医,并请人照看;有 4 名生活学习困难的留守儿童,是他经常去关照;困难户的门前、敬老院里经常有他的身影……

他的心里时刻装着乡亲,却从未顾惜自身。2008 年冰灾时,为落实抗灾资金,他被冰雪困在雷高路上蜷宿车内一夜。2010 年,村庄建设关键期,他拖着病体坚持工作直到必须手术而住院,术后一清醒就又投入工作。2011 年 1 月的一天,为铲除道路积雪方便村民出行,他累到晚上 9 点多钟,不慎一跤跌坏了尾椎骨,住院不到一周,就回村开展困难户慰问等工作。同年 6 月,他因公遇车祸,脑壳碰开了,肋骨碰断了,肺部挫裂了,伤痕累累的他醒来的第一句话就是安排村里的工作,脑壳伤口一拆线他就不顾医生劝阻回到了村里,组织开展环境卫生参评等工作……

这就是朱学武!谨此作小诗一首为他点赞,并祝朱学武同志的精神世代承传:雷锋传人敢承担,学武是那铁打的汉。当官只为民做主,舍身忘我无悔无怨。一种情怀,全在奉献;立心立命立丰碑,不愧人生自信二百年!

(本文原载《望城地方文化视点》)

# 望城古代诗歌创作概述

◎ 龚　君

伟大的浪漫主义诗人屈原最后的流放地在洞庭湖湖畔和湘江、沅水流域,他在这一带漂泊辗转了18年。虽然现在我们并不能考证他的足迹到底遍布了当时洞庭湖边上的哪些土地,但他怀抱着他珍爱的香花香草,留下了千年不减魅力的《楚辞》,卷起漫地诗风让后人迷醉和传承。

自屈原之后相当长一段时间里,因为中国的文化和经济的繁华地带大都在黄河流域,洞庭湖畔古潭州里叫得上名字的文人几乎没有,直到从遥远的长安来个闷闷不乐的贾谊。然而《楚辞》的香气从不曾消弭:几百年后汉乐府诗采编的盛况标志着诗歌创作的又一个高潮,《汉书·艺文志》在叙述乐府诗的来源时写道:"自孝武立乐府而采歌谣,于是有代、赵之讴,秦、楚之风。""楚之风"自然还是《楚辞》里的同一种香型。比乐府诗稍微晚一点出现的《古诗十九首》据考证是下层文人所作,里边有首《涉江采芙蓉》,从诗中"涉江""兰泽""芳草"以及"芙蓉"这些词汇来看,这位诗人应当是饱受《楚辞》熏陶的楚地文人。长期以来,汲取了《楚辞》的养分的楚地劳动人民的诗歌创作,有智慧有热情,就像汹涌的地下暗流,虽时隐时现艰难前行,但终将会找到机会如井泉喷涌而出。如果没有大量有题诗的铜官窑陶瓷器的出土,我们可能还很难领略这种绚丽动人之处的精彩。

自20世纪70年代,铜官窑陆续出土了上百首陶瓷器题诗,数量庞大,质量上乘,其中以《君生我未生》《男儿大丈夫》《千金不为宝》《竹枝词》等为代表迅速风靡网络和诗词界。铜官窑盛于唐,衰于五代,最早可以追溯到东汉,以这种特殊的方式记录了这段时间内潭州民间诗词创作的冰山一角。由于种种限制,这些创作大都不被注重诗歌正统的《全唐诗》认可,但是历史又神奇而公正地在铜官窑里珍藏了这个绚烂迷人的文学现象的宝贵碎片,让我们后来人缅怀猜测,惊叹沉迷,实在是望城之幸,诗词之幸。

贾谊来到长沙后,游览了山水,凭吊了屈原,写了《吊屈原赋》,还写了有楚地民谣风格的《惜誓》,收录在《楚辞》里。潭州偏僻荒凉,是天然的放逐之地。被贬谪到此处的,还有四处漂泊路过这里,或者还要被贬谪到更蛮荒的地带去的官员诗人们,有感于屈贾二人和自身际遇,纷纷吟诗抒怀。大诗人杜甫晚年在望城地带的水域上漂泊了很长一段时间,他写了《入乔口》《铜官渚守风》《北风》等四首,描绘望城的山水风光,抒发羁旅愁绪;诗人刘长卿仕途失意四处游览,在郴州桂阳留下了名篇《逢雪宿芙蓉山主人》,在望城写下了《洞阳山》《云母溪》,写景的风格幽寂冷冽;梅尧臣写下《丙戌五月二十二日》一首,写梦中游新康云母山,所见景象诡谲阴森,这是对其仕途艰险被贬失意的异化反应;范成大有《湘阴桥口市别游子明》一首,沈辽有《书堂寺庙》一首,王夫之有《潇湘十景词·铜官戍火》一首,姚鼐有《由桥头驿至长沙》一首,黄湘南有《乔口次工部韵》《雨泊靖港》二首……据不完全统计,存留下来有文字记载的共有100余首。

诗僧是中国诗词史上一个很特别的现象,是外来佛教文化和本土诗词文化的结合,是佛理禅趣和诗风词韵的碰撞。古潭州有敬畏鬼神的传统思想,佛教盛行,寺庙林立,是顺理成章的事情。岳麓山脚下道林寺中有位著名诗僧释齐己,是中唐三大诗僧之一。著有《白莲集》等著作,写有很多和望城相关的诗作,存留下来的有《答人寒夜所寄》《寄谷山长老》《游谷山寺》三首,用佛家眼光来诠释日常种种,有独特的价值。除释齐己外,潭州地区出现了众多诗僧,直接和望城相关的诗僧诗作还有释护国《访云母山僧》一首,释志勤《桃花偈》一首,释道潜《秋江》一首,释惠洪《和游谷山》等四首,高僧释德清的《宿乔口》一首,释芳圃《游黑麋峰》等八首,释敬安《杲山题壁》等八首。因为身份和思想的局限,大部分僧诗风格清苦、意境孤冷、题材单一的欠缺渐渐凸显出来,元明后归于沉寂。

明清以来,望城成为文化输入输出的重镇和风起云涌的兵家必争之地。公元1854年,曾国藩在铜官、靖港和太平军鏖战,大败,心灰意懒跳河,被幕僚章寿麟救起。这个事情引发了若干年后全国上下几十位文人武将为章寿麟《铜官感旧图》题诗作赋共200多篇的诗词盛事。其中左宗棠、李元度、王闿运、严复等人的题诗看法独到,影响广泛。另一件诗词的盛事是为多年镇守疏勒的望城籍湘军将领桂贵所绘《疏勒望云图》题写诗词。桂贵用《疏勒望云图》表达思乡思亲之意,引起诸多共鸣,文臣武将,文人雅士,纷纷盛赞其忠孝,共题诗百余首,比较有影响力的有左宗棠、陈三立等人的题诗。这两件题诗盛事浓缩地展示了直接脱胎于楚辞文化的湖湘诗词文化"爱国忠诚、灵活包容、勇于开创、甘于奉献"的精神特质。

*(资料来源:《长沙市望城区诗词集注》《唐诗的弃儿》等。本文原载《望城地方文化视点》)*

# 有蝶远古来，款款当前飞

## ——望城区白箬铺镇光明蝶谷简介

◎ 李玉上

"昔者庄周梦为蝴蝶，栩栩然蝴蝶也，自喻适志与！不知周也。俄然觉，则蘧蘧然周也。不知周之梦为蝴蝶与，蝴蝶之梦为周与？周与蝴蝶，则必有分矣。此之谓物化。"两千两三百年前，蝴蝶以其"栩栩然"的姿态飞入庄周的梦中，留下"庄周梦蝶"这一特殊的文化符号，牵出后世人的万般情丝、千种寄寓。

李白说"八月蝴蝶黄，双飞西园草"，杜甫说"穿花蛱蝶深深见，点水蜻蜓款款飞"，李商隐说"庄生晓梦迷蝴蝶，望帝春心托杜鹃"，王驾说"蛱蝶飞来过墙去，却疑春色在邻家"，崔涂说"蝴蝶梦中家万里，杜鹃枝上月三更"，徐夤说"无情岂解关魂梦，莫信庄周说是非"，谢逸说"才遇东来又西去，片时游遍满园春"，欧阳修说"才伴游蜂来小院，又随飞絮过东墙"，辛弃疾说"蝴蝶不传千里梦，子规叫断三更月"，张孝祥说"蝉蜕尘埃外，蝶梦水云乡"……至此，我们可以说，在我国，蝴蝶是最古老也是最富生命力的文化精灵之一，它的身影总是翩翩于烂漫山花中，寄寓人们深沉而美好的情怀。

有资料介绍，蝴蝶种类繁多，根据蝴蝶的特征、亲缘关系及进化程度，全世界的蝴蝶可分为 4 总科 17 科：一是弄蝶总科，包括弄蝶科、缰弄蝶科和大弄蝶科等；二是凤蝶总科，包括凤蝶科、绢蝶科和粉蝶科等；三是灰蝶总科，包括灰蝶科、蚬蝶科和喙蝶科等；四是蛱蝶总科，包括斑蝶科、绡蝶科、眼蝶科、环蝶科、闪蝶科、蛱蝶科、珍蝶科和袖蝶科等。如果按照生态环境来划分，蝴蝶可以分为森林蝶类、沼泽蝶类、森林草原蝶类和农业植物蝶类等类别。这蝴蝶里，还蛮有学问的。

蝴蝶以其丰富的生态价值、科研价值和审美价值而备受人们青睐。从审美角度看，据说，世界上最美的蝴蝶有 88 多涡蛱蝶、红带袖蝶、猫头鹰环蝶、枯叶蛱蝶、多尾凤蛾、宽纹黑脉绡蝶、老豹蛱蝶和蓝闪蝶等 8 种。看来，蝴蝶，这只"会飞的花朵"的确值得珍爱。

在望城，有一个识蝶、赏蝶的绝好去处，那就是白箬铺镇光明蝶谷。光明蝶谷位于白箬铺镇"社会主义新农村建设示范村"——光明村的老冲塘，紧邻友仁小镇，距长沙市区约 15 千米，占地总面积 200 多亩，属光明大观园核心功能区之一，更是"五谷欢乐地、光明大观园"开园之作。所谓"光明五谷",指的是该片区内在地理、历史等方面具有共同内涵基础又各具特色风貌的5个自然村组成的自然与人文相统一的文化主题生态公园,即光明村的梦蝶谷(简称"光明蝶谷")、黄泥铺村的寻鹭谷、金峙村的长乐谷、大塘村的金果谷、胜和村的定情谷。

光明蝶谷山清水秀,花奇草异,自然生态环境十分优美。是湖南省第一个集蝴蝶饲养、昆虫研究、科普教育、观赏摄影、亲情放飞、蝴蝶工艺于一体的蝴蝶文化主题公园,分为蝴蝶观赏区、蝴蝶放飞区、蝴蝶展览区、娱乐购物区、登山览景区、亲子体验区、茶艺休闲区、儿童游乐区、蝴蝶养殖区等9大功能区域。

在科普展览区,我们可以看到世界珍稀蝴蝶和国内名贵蝴蝶标本数千种。其中有曾在国际拍卖市场以3.6万美元成交的生活在南美秘鲁亚马孙河流域、如今基本绝迹的世界最美蝴蝶——光明女神蝶。还有翅翼可达36.0厘米的世界最大蝴蝶——亚历山大鸟翼凤蝶,在我国云南西双版纳有采集记录的翅翼仅1.3厘米世界最小蝴蝶——蓝灰蝶,迁徙飞行距离可达5000千米的世界上飞行最远的蝴蝶——君主斑蝶和平均每秒羽振仅5次的世界羽振最慢的蝴蝶——金凤蝶。嗨,蝴蝶世界,真是神奇!

蝴蝶观赏区建有观赏网棚,占地面积3900平方米,是目前亚洲最大的蝴蝶观赏网棚。棚内种植有大量蝴蝶蜜源植物及自然景观植物,能定期投放斑蝶科、蛱蝶科、凤蝶科、绢蝶科等100余种、近万只蝴蝶以供观赏。

我去观赏时,正当十月,情形十分有趣。一进棚门,就有一只枯叶蝶落在我的右肩,同伴疑为树叶而拂之,它却粘而不去。一会儿,它竟翩翩于前,沿着小路飞飞停停,像是在给我们引路。沿路花丛树叶间,各色蝴蝶斑斑斓斓,或展翅而卧,或合翅而立,或独自而舞,或成双而嬉,一派欣欣向荣的景象。有那么几只,面对我们忙个不停的单反镜头,居然很认真地摆起了Pose,不知是从哪个时装模特儿那里学的本事。临出棚门时,还是一只枯叶蝶(应该就是"拂之不去"的那只)在我眼前款款然飞了一阵,像在挽留,又像在道别,然后匿迹花丛,再也寻它不着……

在数蝶亭,不时可以听到低回的旋律:"碧草青青花盛开,彩蝶双双久徘徊……楼台一别恨如海,泪染双翅,身化彩蝶翩翩花丛来。历尽磨难真情在,天长地久不分开。"从"庄周梦蝶"到"梁祝化蝶",每一个与蝴蝶有关的故事都是那么动人心弦,那么,这以蝴蝶为主题的光明蝶谷也一定能演绎出若干精彩的故事,我想。

(本文原载《望城地方文化视点》)

# 声灵通肸蠁,功德在乡邦

◎ 张　婷

清乾隆《长沙府志》载:"山有灵谷,下有龙潭","遥望那城西北,诸峰罗立如列屏障","与谷争空"。谷山为晋唐以来高僧驻锡之所。清同治十年《长沙县志》载唐三藏禅师在此建谷山禅寺(又名宝宁寺),同时还建有戴公庙,清同治五年(1866)又于七封山(今望城七峰山)建戴公祠。七封山戴公祠就是现在的老戴公庙。

说来也有趣,如果你在望城问"戴公庙怎么走",得到的答案肯定不一,因为这戴公庙有三处,一处坐落在黄金东路上,叫戴公庙;一处坐落在金星北路,叫戴公老庙(即戴公陵园);还有一处坐落于银星路,叫老戴公庙,是三个戴公庙中最古老的一个,历经千年。

对于戴氏三圣,民间有着这样的传说,说南宋时,有三个草药医生从宝庆(今邵阳)沙子坪接龙桥来到长沙河西马栏港开堂行医。他们姓戴,是亲兄弟,不但医术高明,而且收费低廉,因而深受百姓欢迎和爱戴。百姓敬称他们兄弟三人为大圣、二圣和三圣。这个地方原有个巫师,叫王道中,常用法术给人治病,收费高,又见效不大,戴氏兄弟的到来,自然影响了他的生意。因此,他怀恨在心,寻机将戴氏兄弟害死。闻信的马栏港百姓十分悲痛,收殓尸身安葬于七峰山,并为他们立碑建庙,将他们生前所开的药方做成药签,供奉在庙里。相传从那以后,远近的百姓生了病,只要来庙拜过戴氏三圣,求得一药签,再到药铺按方捡药,煎水服下,病,不日则愈。年深日久,这种灵验便越传越神,老百姓就把戴氏三圣视为戴公菩萨,日夜为他们焚香燃烛,顶礼膜拜。

在游览戴公庙的时候,我们可以看到庙前的大理石碑,碑文由潇湘山人李震之先生所撰。它对戴氏三圣的事迹则有不同于传说的另一番介绍。碑文记载:唐僖宗年间,黄巢作乱,潭州(今长沙)兵燹深重。当时戴氏三雄(文奇、文德、文义)在长沙河西马栏港开堂行医,他们不但医术高明,而且收费低廉,因而深受百姓欢迎和爱戴。三人皆智勇多能之辈,见国乱家危,便弃医从戎,招募乡间勇士自卫,在八家寨一举击溃黄巢,救民于水火。乡人感念其恩德在七峰山建祠供奉,称之为戴公庙。

其实不管传说还是碑文,不管是草药医生还是有着将帅之才的勇士,不管其身份如何变化,不变的是他们身上所显露出来的美好的品质,也正是因为他们不计私利、为民为国的美好品质,最终才使得他们成为了老百姓心中的神明的化身。

老戴公庙前的平地上百姓还给塑了三座白马像,白马像还刻有戴公大圣、戴公二圣、戴公三圣的字样。过了老戴公庙的门楼,再往上走十多个台阶,就可以清楚地望见庙的中门。中门之上镌刻着"老戴公庙"四个大字,其下刻有一副对联"声灵通胮蠻,功德在乡邦"。"老戴公庙"和其门联原来是由著名书法家周介陶先生撰写。戴公庙原有戏台、正殿、附属殿宇及配房众多,规模宏大,近似东乡陶公庙。后历经沧桑,几经沉浮,土改期间被弃用,"文革"期间,庙宇也被铲为平地,周先生所书也就不复存在了。现存的老戴公庙是上个世纪 80 年代由信众集资重建,庙宇虽小,却不失精巧。而庙前正中门"老戴公庙"四个大字和门联也由书法家周昭怡女士(周介陶之女)按原联重写。

中门两边各有一个两三层楼房高的宝香炉,原是给前来祭拜的善男信女焚香所用,现已被封。据说每逢初一,前来祭拜的香客是人挨人、车接车,络绎不绝。而来祭神的香客中很多会提拎一只鸡,原来拜戴公要抛鸡头、洒热血。我来的时间不巧,没有见到香雾缭绕、信众摩肩接踵的场面,也没有看到满地鸡血的骇人场景。即便如此,同行的朋友也被地面上那一串新鲜的血液吓了一跳。

跨过正中门,就看见三尊高约 2 米、宽约 0.8 米的戴公文像以端坐之姿矗立在庙堂正前方的高台之上。在我端详神像的片刻,就来了几拨人,有的跪坐默语,有的卜卦抽签,有的焚香进酒,他们多是虔诚的香客。当然,也有像我一样默默站在旁侧深思,内心里却暗暗惊叹的人。面对神像,左手边的房间里供奉的是观音大士,左手边是戴公庙的藏经阁,藏经阁前的房间里则供奉的是关公。穿过正堂,越过戴氏三圣的神像,往上再走几个台阶正对着的就是戴公庙的后殿。后殿里也都供奉有神像,有财神爷、道德天尊、元始天尊,多是道家尊奉的天神,还有三圣身着戎装的武像。

我一边膜拜一边在心底叨叨:如果戴氏三圣也已位列仙班,仙阶应该是敌不过拥有众多追随者的财神爷的,也不可能比得上元始天尊他老人家,但是放眼一看,在望城这片土地上,戴氏三圣受奉的香油确实完胜庙中其他仙人。

但我想神仙菩萨终究是离我们的生活远了些,我更愿意相信戴氏三圣不只是存在于传说或者碑文里,而是真的鲜活地在这片土地上生活过。

(本文原载《望城地方文化视点》)

# 麻石长在丁字湾

◎ 邹寅华

在望城,有句俗语叫"丁字湾的麻石,五百年长一寸——测溜达的",流传甚广。这句话本来的意思是,讽刺那些夸夸其谈、说话没有任何依据却硬说是有根有据的人的。不过,我们今天不研究它,而要研究"丁字湾的麻石"。

丁字湾,在我国有两处,一处位于山东即墨市,一处位于湖南长沙市。位于长沙市的丁字湾就是望城的丁字湾。望城丁字湾之所以出名,不是因为别的,而是因为麻石,而是因为它是中国十大石材基地之一,是中南地区最为集中的优质天然麻石集散地,是著名的"麻石之乡"。清同治《长沙县志》说的"石崔嵬,横出岸外"的地方实际就是现在望城丁字湾的麻潭山,一个盛产麻石的地方。

麻石,花岗岩的一种,也被称为黑云母、长石。花岗岩(granite)的语源是拉丁文的granum,意思是"谷粒"或"颗粒"。它是深成岩,常能形成发育良好、肉眼可辨的矿物颗粒,因而得名。而汉字名词"花岗岩"则是由日本人翻译而来的。明治初期的辞典与地质学书籍将 Granite 翻译为"花岗岩"或"花刚岩"。"花"形容这种岩石有美丽的斑纹,"岗"或"刚"则表示这种岩石很坚硬,合起来的意思也就是有着花一样斑纹的刚硬岩石。中国学者则沿用此译名,我们这里则称之为麻石。

麻石是大陆地壳的主要组成部分,是一种岩浆在地表以下凝结形成的火成岩。其主要组成矿物为长石、石英、黑白云母等,有的还可能含辉石和角闪石。

丁字湾的麻石耐强压,耐磨损,耐高温,耐腐蚀,耐风化。其抗压强度可以达到2040 千克/平方厘米,"丁字湾的麻石,五百年长一寸"说的就是丁字湾麻石形成不易、质地坚硬、抗压度高的特征。因此,它是优良的建筑材料,常常用于建筑、雕刻等。

丁字湾的麻石已探明石区面积达 20 平方千米,储量约 37 亿立方米。其开采历史可以上溯到西汉。有人考证,我国一些古寺碑塔所用石料多取材于此。有人说,雍正时期,这里的麻石开采量加大,主要用于建门楼、牌坊和雕刻一些镇宅的貔貅、吉狮等。丁字湾街上至今还留存有光绪年间雕刻的石马、石貔貅等,它们虽然历经岁月的风雨磨损,但经老匠人修复之后,仍然生动如初。

麻石的用途较为广泛,可作铺路石、路沿石、梯级石、地板石、文化石、广场石、盲道板、装饰板等,也可作石磡、石凳、石椅、石门、石廊、石碑、石墓、石牌坊、石匾牌、石栏杆、石雕像等。更有匠心独运者,别出心裁地将麻石凿成各式各样的艺术品置于广场上、公园里、风光带中,使"灰不溜秋"的石头绽放异彩。

就铺路石而言,我们可以以长沙古城街市为例进行说明。古时的长沙,大街小巷均铺满了麻石,麻石街就成了长沙古城的一大特色。这些麻石都采自丁字湾。铺路用的麻石往往被凿成长条形,朝上的一面平整光滑并凿有线槽以防湿滑,朝下的一面则任其粗糙。铺路时则按照中间绝大部分路面横置、两侧极小部分路面直置的形式一路铺下去,有的一铺数里,不仅路面坚实平坦,而且与民居店铺相映成趣,构成了古城街市的古拙质朴、厚重宁静的文化韵味。特别是大雨过后,麻石路更给人以说不尽的清爽与恬适。现存潮宗街、金线街、化龙池等三条麻石街便是明证。

这三条麻石街分别是1920年毛泽东创办的文化书社、西汉时期著名文学家贾谊故居和清朝时期著名书法家何绍基故居所在地。估计贾谊是没有走过丁字湾的麻石铺成的路的,但何绍基、毛泽东是肯定走过的。想想当年毛泽东是踏着丁字湾的麻石铺成的路走上革命道路的,应该是一件很让望城人尤其是丁字湾人深感韵味的事。

说到毛泽东,说到麻石,我们得说说长沙金像广场。这个广场位于长沙市车站北路与三一大道交界处的东南角,因一尊毛主席镀金雕像而得名。这尊雕像是1967年由原湖南制药厂与湖南大学雕塑系共同设计、采用丁字湾的麻石雕塑而成的,并且一直安放到现在。该塑像已被长沙市政府公布为不可移动文物保护单位。看来,丁字湾麻石的"身姿"还是蛮"伟大"的。

2009年12月,首届中华情侣节开幕,一位身材魁梧、眼里充满祝福的"老人"在岳麓山下的后湖畔亮相。这位"老人"不是别人,而是"愿天下有情人终成眷属"的"月下老人"。这个"月下老人"就是用整块丁字湾麻石创作的,据说它原重约50吨,雕刻后约40吨,这种"身姿"也许可以称得上丁字湾麻石中的"巨无霸"了。

丁字湾的麻石远远不只使用于本地,岳阳楼、黄鹤楼、天安门广场、北京人民大会堂、中国人民革命军事博物馆、武汉长江大桥、荆江分洪堤坝、日本鹿儿岛宝山公园等处也都呈现有丁字湾麻石坚不可摧的"身姿"。"丁字湾的麻石铺天下",值得骄傲与自豪吧?

(资料来源:百度百科、《"丁字湾麻石"生金流银建石材产业园》《丁字湾的文化》《锦绣潇湘文化创意园放弃丘比特雕塑改成"月老"》《潮宗古街麻石路》等。本文原载《望城地方文化视点》)

# 听听那皮影

◎ 刘 杜

在新康镇的糟坊街边,有一个小小的皮影艺术博物馆,门口挂着一副对联:"一口述说千古事,双手能舞百万兵",旁边还挂着"新康戏乡皮影艺术学校"的牌匾,并注有"免费收徒"四字。走进屋内,但见陈设极其简单,一个简约的戏台,戏台前摆着几排椅子,再无多余空间。四面的墙上悬挂着几块宣传展板,环顾四周,感觉并不像进了一个艺术博物馆,只有一股异样的冷清。

对于皮影戏,年轻人比较陌生,而老一辈大多比较熟悉。皮影戏俗称"影子戏",是一种用蜡烛或燃烧的酒精等光源照射兽皮或纸板做成的人物剪影以表现故事的民间戏剧。表演时,艺人们在白色的幕布后面,一边操纵戏曲人物,一边用方言唱述故事,同时配以打击乐器和弦乐。皮影戏是最古老的民间艺术之一,有将近两千年的历史,被称为"中国民间艺术的活化石"。皮影戏集历史、文学、民俗、诗词、歌赋、音乐、雕刻、剪纸、绘画、吹、打、弹、唱等操作于一体,具有独特的艺术价值和学术研究价值。

印象中上一次看到皮影戏还是小时候,那是 20 世纪的 90 年代,当时皮影戏在农村还是很受欢迎的。家中遇上红白喜事、老人过寿或是向神明祈福还愿都要"请戏",这"戏"便是皮影戏。戏台极其简单,摆上几条高脚凳,拆下两张大门(以前的房屋大门都是两页的宽木门,可以自由装卸),把竹架子搭上,幕布一拉,简易的舞台就形成了。表演者就坐在幕布后吹拉弹唱,灵活地舞动手中的小人儿。左邻右舍都要一起来凑凑热闹,老人们自然是热衷于看戏听戏的,小孩子都是图个新鲜热闹,看着屏幕上的小人影儿跳来跳去还不过瘾,甚至还要钻到银幕后边的戏台,去看看唱戏的师傅们是如何让手中的娃娃如此传神的。那一幕幕热闹而又和谐的场景至今印象无比深刻。

"浏阳的鞭子,河西的班子。"这句民谚讲的"河西的班子"就是湘江以西的望城一带的皮影戏班子。中华人民共和国成立之初,湖南省成立皮影艺术团,没想到全部都是望城人。其中,有朱莲章、夏少春、王夏省、谭德贵、廖少云、何德润、李少坤等老一辈皮影艺术家出访世界各地,把湖南皮影艺术带出国门,先后出访过朝鲜、捷克、波兰、苏联等 20 多个国家,并在国际艺术节中多次获得大奖,被法国《费加罗报》称为"比金子还贵的皮影戏"。在国际交往中,湖南皮影戏接待过很多国家的政府首脑和知名人士,为国际间友好往来做出了很大的贡献。

但是影视的飞速发展,给皮影戏带来了巨大的冲击,皮影戏的情势日见式微。不过,有一个人还在拼尽一己之力,要把这份经典传承下来,他就是朱国强。笔者有幸在博物馆见到了他。他已经50多岁了,出生皮影世家,14岁就开始跟父亲学习皮影,到他已经是第五代。由于世代的传承与发展,他积累了丰厚的皮影艺术功底,吹拉弹唱的功夫自是不用说的,雕刻、剪纸、制作道具也是样样行,而且他对皮影更有着自己深刻的理解。当问起皮影最吸引他的是哪一方面时,他非常自豪地说:"很多方面我都喜欢!这皮影你是不知道,真正研究起来是越研究越感觉到它的精深!"随口就给我唱了一段:"乡下渔翁收了钓,看牛牧童转回程,庵堂寺观钟鼓响,绣女房中点红灯……"说:"你就听这段傍晚回家的唱词,这样的写人写时写景的句子,哪是一下子能编出来的?这都是长久积淀的最地地道道的中国文化呀!"朱老师又拿出了他心爱的皮影道具,只是操控着两根竹签子,那小小人物竟可以灵活地舞刀弄枪,跳转自如,这都是功底啊!随后他又拿出了一本早已泛黄的手抄本"工尺谱"唱了一段,又唱了一段花腔……

皮影的价值远远不仅在它的艺术,更有着它独特的文化价值。有句老话"不看影子戏,不知礼与义",在过去,大部分穷人没有受教育的机会,很多事情都是从皮影戏而得知的,如经典的历史剧目《伯牙抚琴》《古城训弟》等。作为皮影的传承者,朱老师更是把戏中的礼仪作为为人处世的准则。他说,凡事一定要对得起自己的良心。根据自己的感悟,他写了很多"金语良言",如劝导世人行善的:"善似青松恶似花,花笑青松不如它,有朝一日霜雪下,只见青松不见花。"

但是,说到皮影戏的未来,朱老师神情还是十分黯淡。他说:"如果有一天皮影艺术失传了,只剩下后人来调研、考古,那就是我最不愿意看到的。姜子牙80岁遇文王,但愿我能在有生之年遇上一个真正喜欢皮影艺术的!"随后拉起京胡唱了一段《姜太公钓鱼》,那悠扬的京胡声加上那婉转的唱腔,尽显沧桑,听得我一阵痛心:我们这传承了千年的文化艺术终将何去何从呢?是否会成为余秋雨先生笔下的另一个"道士塔"?现在很多人了解传统文化,不过是抱着娱乐休闲的目的,走马观花,然后还要怨叹一句:"实在没什么东西好看的!"殊不知,皮影艺术哪是随便看看就能懂的?它那么深,得用心去听,那里有一声声遥远而真切的呼唤!

(本文原载《望城地方文化视点》)

# 关于"望城风景"的诗歌作品精选

◎ 李玉上

## 我的家,在望城

我的家,在望城,
望城最亲是望城的情。
望城情酿千秋岁,
望城高歌,高歌望城!

我的家,在望城,
望城的山水最迷人;
山一程啊水一程,
望城的山水最关情。
湘水任意千帆竞,
乌山随心展画屏;
黑麋峰奏开元乐,
柳林江传踏歌吟:
种一朵夏荷四季绿,
蘸一滴稻香满园春;
撑一篙江月透碧霄,
饮一杯山风醉太平!

我的家,在望城,
望城的风韵最动人;

远古风啊当代韵，
望城的风韵最关情。
书堂翰墨飘四海，
铜官窑火照古今；
郭亮浩气存天地，
雷锋传人踏歌行：
举一面旗帜奔小康，
播一种精神化万民；
建一座新城两岸美，
绘一地秀美日月新！


我的家，在望城，
望城最美是望城的人。
望城人创千秋业，
望城幸福，幸福望城！

（原载 2012 年 12 月 27 日《人民日报》）


## 我有风景就好——写与黑麋峰


可否，让我申请一个 QQ 号
于午夜时分与你神聊


可否，让我化作一条会唱歌的鱼
于你的泪水里放飞灿烂的微笑


可否，让我目送一只小鸟
于你的林中精装一间温暖的巢


真正的风景，可以
无蓬莱之缥缈，无昆仑之峻高
但应该有暗藏深闺的气度

向世界昭告

山不在高,有风景就好
来年,我一定,让我的诗
在你风景的山水里发芽
并将阳光扩招

(原载李玉上著《遇上风景》。此处略有改动)

# 我伫立在这湘江岸边

湘江啊,你其实非常简单
有水有岸,便可流淌风景无限
一羽早起的鸟翅,可以生动你的碧蓝
一线柔嫩的水草,可以装点你的浪漫
一声跳跃的号子,可以嘹亮你的春天
一盏滴水的渔火,可以染红你的秋晚

湘江啊,你其实很有内涵
有波有浪,便可掀动大潮向前
柔肠百结时,你沉淀了湘水女神的泪眼
春风骀荡时,你浸润了翰墨飘香的几案
大厦将倾时,你挽留了一时绝望的肝胆
风雨如磐时,你指点了独立寒秋的青年

湘江啊,今天,我伫立在你的岸边
默默生发一种祈愿
祝你撑出的每一只小船
都能贯通古今的文津道岸
愿你发出的每一张白帆
都能触摸绵延蔚蓝的海岸线

(原载李玉上著《遇上风景》)

# 致雷锋叔叔

你，哭的时候，太阳还没有升起
你，笑的时候，太阳一直挂在天际

一腔情怀的水墨，染绿了江南的四季
一路远行的足迹，按响了北国的羌笛

你，被称为叔叔的你，二十二岁的年纪
如果健在，如今，当然属于古稀
——古稀的叔叔啊
被叫得年轻的，不仅仅是你的年纪

我一直不愿意相信
公元一千九百六十二年八月十五日的那一天
天气会倒霉成惨痛的消息，挂在头条
无声哭泣

老天的思维有点反常
明明向前的车轮，突然倒回
撞倒了木桩，撞痛了天地
撞得我，泪落如雨，风飘不去

庆幸，歌哭的日子
仍旧有你的笑容，照亮我的天地

（原载李玉上著《遇上风景》。此处略有改动）

# 望城风物四题

### 古樟词

植地盘根随山势,倚天张盖舞琼枝。
花落木荣无人见,岁寒霜老有天知。

### 春草词

春江春水春意发,我欲因之梦天涯。
一天晓雾不曾开,春草犹自泛光华。

### 飞雪词

人说瑞雪兆丰年,我喜新春在眼前。
问道田中耕作事,飞雪到此意阑珊。

### 云天词

长亭有恨短亭怨,月上瓜州鹤冲天。
低头寻路路难寻,抬头看天天高远。

(原载李玉上著《遇上风景》。标题为编者所加)

# 靖港石榴花正开

石榴花开的季节
我把探问编织成嫩绿的枝叶
向着南风吹拂的绿窗
述说一帘幽梦
一段相望相依的岁月

也许,我的歌只是

清凉如旷野辽阔的月色

也许,我的梦叩不响

你斜挂床头的琴瑟

但是,我坚信

沐着晨曦的慰藉

一定,能纾解

心结

(原载李玉上著《遇上风景》。标题为编者所改)

# 词境·黑麋峰

### 其一

巫山一段云

转调二郎神

秋色横空意不尽

瑶台第一层

### 其二

晴色入青山

转调踏莎行

高山流水意难忘

阑干万里心

(原载李玉上著《遇上风景》)

## 疏远时,她像蒺藜开在山皋——写与望城一中内的一枝香樟

不能说,在霜雪面前
我选择了弯腰
只能说,面对未来
我必须选择寻找

寻找,需要勤劳
勤劳,不仅仅是阳光下播种的辛劳
更是,面对阴暗,面对阻隔时
那倔强的不折不挠

不折不挠,不是
我行我素,不是自恃清高
不是我歌我醉我痴狂
而是柔韧的执着,睿智的孤傲

孤傲,疏远时
像蒺藜开在山皋
逼近时,如一剪寒梅
开在墙角

(原载李玉上著《遇上风景》。副标题为编者所加)

## 阳春三月,我未曾蹉跎——写与望城一中内的一树杜鹃

我相信
花香蝶自来
我还相信

只要花香,蜂也会来
就算蝶与蜂将一个美丽的季节错过
我也会用我灿美的骨朵述说
开也是歌,落也是歌
阳春三月
我未曾蹉跎

(原载李玉上著《遇上风景》。副标题为编者所加)

## 醉眼看春光——写与望城一中内的一树杜鹃

春,是热情奔放
遇上春的日子
所有的心
都能沐浴爱的芬芳
每一朵生长在叶片上的阳光,都会
幸福得像花儿一样开放

不用去采撷诗家的紫丁香
不用去寻访人家的秋海棠
只要与这嫩蕊细细商量
来年,仍旧可以
醉眼看春光

(原载李玉上著《遇上风景》。副标题为编者所加)

## 在记忆的涧边——写与月亮岛的一涧清水

这世界
可以省略很多很多的挂牵
唯有
一抹浓绿,一泓清泉

永远生长

在记忆的涧边

一如王维诗风吹拂的鹿柴

和空灵的春山

且于春山之外，能听

白鹭的飞翻

乳燕的呢喃

（原载李玉上著《遇上风景》。副标题为编者所加）

## 守望——写与月亮岛的一株香樟

没有鲜花芬芳

没有翠鸟鸣唱

没有巍峨的背景

没有幸福的依傍

只为眼前这敞亮的路

链接的世界

我宁愿，静静地守望

守望秋夜西江月

守望夏日满庭芳

守望春晨蝶恋花

守望冬雪桂枝香

守望江城梅花引

守望疏影浮暗香

守望扁舟寻旧约

守望南浦九回肠

就这样，静静地守望

任梦想，如江风的自由

如野草的生长

（原载李玉上著《遇上风景》。副标题为编者所加）

## 枯荷吟——写与新康的一池枯荷

### 其一

是的,我们曾经嫩绿

嫩绿得如黄鹂的放歌

如新燕的鸣啼

是的,我们曾经碧绿

碧绿得如透明的玛瑙

如温润的碧玉

如今,季节的风已经老去

我们唯有静默

静默,向生命敬礼

有雨无雨君且记

枯萎

未尝不是一种韵律

### 其二

是生命,总有轮回

有繁盛就一定有枯萎

不必伤悲,不必伤悲

霜雪过后

一定是春光明媚

(原载李玉上著《遇上风景》。副标题为编者所加)

## 你不必再等待——写中粮·北纬 28°的一处风景

无缘无故

你怎么站在这路边发呆

众多的猜想中
我相信，你一定在等待

你一定在等待
等待半坡聚落的鱼款步走来
给你光滑的缸壁，刻画古朴的线条
涂注古典的色彩

你一定在等待
等待新石器时代的器
挟一脉长风
流转成一种崇高的膜拜

其实，你不必再等待
等待的本质是向往的无奈
顺着这路，你就迈开大步向前走
一起去开辟，新的彩陶时代

（原载李玉上著《遇上风景》。副标题为编者所加）

## 向往一种境界——写普瑞斯堡的一处风景

向往一种境界
不是朝霞满天的清晨
不是夕阳无限的黄昏
而是，于喧嚣之上
搭建一处浓荫
以树的姿态过滤风云
以花的姿态过滤心灵

（原载李玉上著《遇上风景》。副标题为编者所加）

## 只要剪取一段水光——写合益村的一处风景

不必刻意为故事着色
不必刻意将情节包装
只要剪取一段水光
就可以照见
这一片天地的
恬静与安详

（原载李玉上著《遇上风景》。副标题为编者所加）

## 水写的日子——写在千龙湖的岸堤

### 其一

有堤有岸
水不会泛滥

### 其二

蓝天很远。风景
有时在眼前，有时在心间

### 其三

水写的日子
千万不能惊起狂澜

### 其四

水云间
一间小屋可以存放一个心愿

**其五**

向往在天边
想法在人间

（原载李玉上著《遇上风景》。副标题为编者所加）

# 乡村的天好远好远——写高冲村的一处风景

乡村的天好远好远
乡村的水好甜好甜
乡村的风,不见经传
却编织着一种文明的摇篮

面朝碧水蓝天
我有时浮想联翩
乡村的月色里
如果插入太多来自城市的吸管
那么荷叶下国风拂过的
水灵灵的句子
也会风干

（原载李玉上著《遇上风景》。副标题为编者所加）

# 这天,正打算下雨——写高冲村的一处风景

我知道,这天
正打算下雨
灰白的风,正在彩排
贝克特的疯言疯语

你说过要来
所以我一直等你

将所有的五线谱都嘹亮成六弦琴的韵律
用执守的信念细听穿越苍穹的呼吸
既然有戈多
就一定要耐得住等待的孤寂
就算戈多中风
也不能说,人生一直在与幻灭游戏

你说过要来
所以,我一直在等你

等你,也许
最能深化今天与今生的主题

(原载李玉上著《遇上风景》。副标题为编者所加)

## 老师,您好——长沙市望城区 2017 年"望城教育奖"颁奖典礼献词

今秋的艳阳当空普照,
今天的舞台激情燃烧;
今秋的熏风掀动心潮,
今天的舞台歌欢语笑。
我们鞠躬:向老师致敬!
我们献礼:老师,您好!

老师,您好——
您以您坚定的信念办一流学校,创一流业绩,
您以您顽强的意志抵御享乐诱惑,抵挡困苦侵袭;
您以您高贵的品格明德荣辱不计,为学千方百计,
您以您宏大的志向传道无怨无悔,授业竭心尽力。

教书育人,您有您不倒的大旗;
为人师表,您有您不老的大义……

老师,您好——
您用您金色的钥匙把校园的智慧悄悄地开启,
您用您青春的热情点亮人生前路的晨曦;
您用您勤劳的双手把校园的欢乐高高地托起,
您用您飞扬的神采鼓动人生奋进的锐气。
勇于担当,是您扶持着孩子们从依存走向独立;
乐于奉献,是您召唤孩子们走向理想的芳草地……

老师,您好——
您的守望,释解了城乡教育均衡发展的难题;
您的演绎,拓展了优质资源创新共享的道渠;
您的描绘,勾画出知识大海里蕴含的事业虹霓;
您的歌唱,传递出情感大山中蕴藏的家国瑞琪。
鞠躬尽瘁,您耕耘着望城教育广阔的丘山平地;
呕心沥血,您培育起望城教育满园的红桃绿李……

老师,您好——
因为有您,师德师魂的培育才绽放了夺目的绚丽;
因为有您,各类学校的建设才有了依托的根底;
因为有您,教育质量的提升才演奏了高昂的旋律;
因为有您,望城教育的快速发展才有了日新月异。
薪火相传,您把对教育的忠诚一代代承继;
砥砺前行,您对教育执着的脚步从未停息……

今天的鲜花争奇斗俏,
今日的掌声涌动如潮。
让我们牢记习总书记的教导,
让我们唱响用雷锋精神育人的动人歌谣。
祝福我们的老师,祝福我们的学校!
祝愿望城教育,再次掀起立德树人的时代大潮!

(朗诵:长沙市望城区教育局机关干部)

# 致斜"泊"在芦江的那艘"清代战船"

◎ 易伟钢

是狂野的季风
把你的灵魂折磨成弯曲的形状
錾出褶皱纵横
凿出棱角苍黄

岁月的冻雨
又让你失去了原有的模样
好在有一页像书一样的珍藏
一面是我的心伤
一面是我心伤的芦江

如今
我坐在江岸
静看你斑驳的河殇
遥想我悠长的诗和远方

且撇去浮游的细浪
且焚化纸篓里碎屑的忧伤
端正你的旗帜
挺直你的脊梁
愿你重新昭示我的理想
旷野之上，唯独能见
一畦是稻香，一畦是菊黄

望城地方文化研究

——WANG CHENG DI FANG WEN HUA YAN JIU

◇◇◇

学生研究成果精选

我的魂归处／刘颖蔚
醉美乔口／刘佳乐
美丽望城，潇洒人生／任毅清
……

>>>

# 我的魂归处

◎ 望城一中 344 班　刘颖尉

故乡,是一个让我们魂牵梦萦的地方,这不是一段旅程,不是一张用钱可以换取的长途车票,也不是无聊时的娱乐消遣地。

异地的风光再迷人,我们也始终不能有幸福感。只有那片生我养我的土地才能让人安心,而我的那片净土就在星城的一个小角落——乔口渔都。

乘上公交车,一直坐到终点站,一下车,便能一眼望见一张石门屹立在你的面前,那便是乔口一个标志性的建筑了。每次离家,我都要在那里停留,期待与它的再次相见。

沿着街道一直走,你会发现店铺的招牌都是木头做成的,门也被漆成了朱红色,墙上的砖也都是那种青石砖,丝毫没有都市气息,有的只是一种乡村的宁静和古朴。其实,原本的街道并不是如此,那时候,地上坑坑洼洼,骑着单车去上学,就像开碰碰车一样,十分颠簸,那对我来说是一段痛苦而难忘的经历。

其实,乔口最迷人的地方是居民楼后的木桥,充满古风古韵,宛如走进了江南水乡一般。在木桥上行走,闭上眼睛,你能听到水流动的声音,甚至能闻到一种木头的清香,那是故乡专属的记忆,是任何地方都感受不到的。倚着栏杆向远处望去,视野十分开阔,湖面十分平静,湖水十分清澈。要是等到端午节,数只龙舟在水中竞技,船上有人在打鼓呐喊,堤上还有人放鞭炮为胜利者喝彩,桥上站满了围观的本地民众,甚至还有远道而来的游客,场面十分热闹。这是我儿时最期待的时刻了,小孩子都喜欢热闹,我自然也不例外。

每一年乔口都会有庙会,大概是七八月份的样子。这时候,祠堂里就会搭上戏台,为乡亲们表演戏曲节目,这应该是老人们非常喜欢的时候了。每次,他们都会早早地等在那里,而且一看就是一整天。庙会并没鲁迅所描写的社戏那么有趣,却也为老人们的生活增添了不少乐趣。

有一位著名作家在《我心归去》中写到,即便居住在法国塞尔河畔,每天面对蓝海和绿色公园,也始终不能感到幸福感。

故乡,是我们灵魂和生命的归宿,而乔口对于我来说,就是那么一个地方。我热爱这片土地,一个人是不会真正嫌弃自己的故乡的,即便它再穷,再不迷人。

(2015 年 4 月"望城地方文化素描"征文竞赛获奖作品)

# 醉美乔口

◎ 望城一中 365 班　刘佳乐

"残年傍水国,落日对春华。树蜜早蜂乱,江泥轻燕斜。"每当自己散步在柳林江湖畔,路过杜甫江阁,口中总是会情不自禁地吟咏起这首诗来。作为一名土生土长的乔口小伙,我为自己能生活在这一方净土而感到无比的骄傲和自豪。那么,现在请跟随我手中的笔走进这秀美水乡古镇、繁荣商贸名镇吧!

四县要津,自古繁华。乔口的地理位置十分优越,自古以来就有"长沙一万户,乔口七千家"之称。这里湖泊众多,古代商业贸易十分繁荣,素有"小汉口"美誉。而这些也为乔口今天的发展奠定了良好的历史基础。

鱼米之乡,物产丰饶。还依稀记得自己小时候最喜欢的一件事就是同父亲一起去河边打鱼。晚饭过后,我同父亲一起漫步在河边,他在前背着小舟,而我则两手拿着渔网。找个合适位置。"嗯,这地不错。"只听父亲一声令下,我们便开始了"打鱼之旅",父亲驾着小船缓缓向对面游去,而我则在一旁慢慢放线。待渔网在水面上完全撒开形成一条直线,即可回家。明日一早便大有收获,有时还不小心掺进了几只小螃蟹,我最喜欢把它们放在地面上,用筷子去挠它们,逗这些"小伙伴"们玩啦!那时候一个人笑得不亦乐乎。如今这条湖泊已被人承包啦!只是每到丰收季节,我都会去观赏观赏。不知为什么,每一次看到一大堆鱼儿浮出水面,装上货车时,看到这满满的收成时,脸上总会露出淡淡的微笑⋯⋯

丰富人文,发展底蕴。慢节奏的生活方式,轻松、愉快。不时钓钓鱼,散散步,生活如此多娇。时代机遇,腾飞在即。柏乐园落户乔口,三贤祠、万寿宫、刘宜民故居重建和完善,乔口现今犹如一匹驰骋的骏马,奔腾和冲刺着。

对了,最后不得不说一点。傍晚的乔口渔都很美,一排排垂柳倒映在碧水之间,水面宁静,偶尔微风吹拂,泛起层层涟漪。且停且行,青瓦白墙飞檐翘角,厚重的木窗格子,透露出丝丝古韵。不妨趁着饭后的时光多出去走走,留一份美好的记忆带回家⋯⋯

这就是我的最美乔口。醉美乔口,让你醉入其中。

(2015 年 4 月"望城地方文化素描"征文竞赛获奖作品)

# 美丽望城,潇洒人生

◎ 望城一中 382 班　任毅清

望城,别有风采,文化深厚,美丽画卷,迎面展开,又是一幅名胜古迹绝美图！怎能不令人释怀与感慨？望城是我的家乡,就让我来捕捉美丽的镜头吧！

### 铜官窑,磨难人生

位于铜官的窑瓷是出了名的。铜官窑瓷以陶瓷制作为主分有几种不同的形状,制作工艺也别具特色。在铜官窑的参观处,有许多的工人手中在制作陶瓷,让人不禁叹为观止。铜官窑挖掘出的陶瓷也是非常多,大概有上万只吧。我不熟悉制作工艺,只见他们左捏右捏,左烤右烤,一只碗就呈现出来。那只碗经烈火的烘烤,变得精致无比。我不禁感慨无比,我们的人生也只有经历百般磨难以后才能绽放光彩,都说磨难是一笔宝贵的财富,愿你遇到它时,好好对待它,珍惜它。

### 乌山竹韵,诗意人生

初到乌山,你一定会被这满山的竹子吸引陶醉。竹子一直是文人墨客笔下常见的象征之物,象征着坚忍不拔,节节高升。

竹子的苍翠欲滴,竹子的高耸瘦削,竹子的成群结队。一直以来都是乌山独有的特色。间有一条登山路穿插而过,但这丝毫不影响竹子绽放风采。

穿梭于竹林之间,你会有想作诗的冲动,也难怪那些古代文人会钟情于竹子。这样的诗意人生你想过吗？如果我有足够的条件,我愿意与我生命中最重要的人一起在这竹林中度过。竹韵并没有停止,待你慢慢欣赏。

### 洗心禅寺,智慧人生

佛说:"前世五百次的回眸,才换来今生一次的擦肩而过。"这句佛语想必大家早已耳熟能详。林清玄信奉佛教,所以才写出充满哲理的文字,引人深思,发人启迪。洗心禅寺规模还算宏伟,进去烧香拜佛的人也不少,皆慕名前来。洗心禅寺最不缺的就是佛像。那几尊大佛足以震撼你的心灵。佛语暗藏智慧,许多大道理都是能让你人生充满正能量的,我爱这样的人生。

望城的风景不在乎山水之间,在乎用心感受,用人生去践行。

作为望城人,我有责任与义务沿袭这深厚的文化特色,打造美丽望城,过一种潇洒的人生,何乐而不为呢? 愿美丽的望城越来越好,百姓生活越来越精彩!

(2015 年 4 月"望城地方文化素描"征文竞赛获奖作品)

# 一个希望之地

◎ 望城一中 372 班　叶　思

艾青曾说过:"为什么我的眼里常含泪水,因为我对这片土地爱得深沉。"或许我的眼里没有常含泪水,但我对我生长的这片土地也爱得深沉,爱到深入骨髓。

是她,犹如一位母亲给予我温柔,用明澈的清水哺育我成长;是她,经常在我的梦境深处召唤我,顺着她的牵引走向远方。她是我的家乡,我的港湾——望城。

她犹如一位披着面纱的姑娘,端庄高贵却又带着神秘的色彩。她的轮廓经过时间的磨洗越来越清晰。她坐落在这块南方的土地已有 400 年的历史,她带给了后人博大深远的文化,她养育一批批有理想、有成就的人。曾可知?那以人民服务为宗旨的好战士——雷锋,他在望城这片土地上演绎了一段传奇,他的精神是望城最光荣的精神;曾可知?那一座渔都小镇,小镇里的古色古香吸引着不同地区的人来游玩,小镇里的朴实的人让游客感到宾至如归。

她犹如一位阳刚有志向的小伙,每天以不同的面貌在展现他的魅力。一座座高楼大厦拔地而起,一条条柏油路通向家门口,一幢幢低矮的平房开始粉刷成整齐规范的新农村建设房。她微笑着,响应国家的号召,将自己变成一位更受人欢迎的模样。

她犹如一本文化秘籍,拥有深厚的文化底蕴。梦里水乡,龙舟竞渡,金龙狂舞,金狮飞天,到新康听戏,到乔口吃鱼,到千龙湖去看赛龙舟。铜锣鼓敲响了整个千龙湖,呐喊欢呼声响彻了整个格塘镇,这一切无不吸引着各种人,他们乘兴而来,兴足而忘归。

这里曾涌现过许多杰出的志士仁人,贡献过无数引人注目的精品,远在隋唐,望城籍的艺术大师欧阳询、欧阳通父子以他们精美绝伦的书法艺术赢得了国际声誉;同样在唐代,由望城铜官窑出产的陶瓷产品,风行于国内各地,远销于亚非多国。这些带有深厚的历史底蕴的精品,是望城一张张亮丽的文化名片。

文化望城,有说不尽的话题,有赏不完的美景,有悟不尽的文化学识,我知道,今天,望城人民带着光荣的历史文化传统,高唱希望之歌,在经济快速发展的洪流中扬帆跃马。

我的家乡是一个希望之地,她日后的模样还会让更多人惊叹……

(2015 年 4 月"望城地方文化素描"征文竞赛获奖作品)

# 水中情缘

◎ 望城一中 355 班　刘雅倩

三月，微风卷着清晨的第一缕花香，飘进了清欢的梦，叮叮当当的钢丝声伴着那脚步声，我知道，爷爷收鱼回家了。我的家乡在乔口的一个小村落，依水而生，又靠水而存，低头，俯身，划动的渔船留下圈圈水纹，旋开宁静，映出最纯真的水乡风情。

爷爷是渔民中的一个，朴实的他与水相伴一生，与鱼结谊，清晨四点，他便穿上了下水裤，一支竹篙，一条小舟，踏上了收鱼的路。

收好的渔网沉甸甸的，各种大鱼小鱼在渔网孔中还蹦跳着，全家人最忙碌的时候莫过于此刻。点灯解鱼成了那一幅繁忙的风景。竖起两把长板凳，一根钢丝穿好渔网一段段地溜过，把小鱼从缠着的渔网中解下来。细致而又忙碌过后迎来曙光，一篮子活蹦的鱼儿也被绑上了自行车，随着爷爷的吆喝声，流向了镇上人家。

邻居爷爷是当地有名的篾匠，善于编各式的渔具，竹篮、竹筐和舀渔网，装鱼篓全不在话下，隔三岔五地从山中运来毛竹，劈好，打成细细的竹篾和丝，像老手艺者编花一般，细细编织。半天工夫，便可制出精美的成品。和爷爷一样的老渔夫是他的常客了。

爷爷自己也是一个制渔具能手，只需一把梭，青丝白丝便可在他的手中成为一张张网。爷爷说付出多大的心血才能有多大的收获。

午后的小憩后，爷爷和奶奶便抽出两把椅子，在树荫下溜网了，一边放一边收，捡下网中的残留水草，以及小螺什么的，网儿干净了，鱼儿也更容易捕着。

每当爷爷背起长长的竹篙，末端吊一装满网的大纸箱，我便跟着爷爷，爷爷的放网是在傍晚进行的。他驾起小舟，顺着缓缓的水流，迎着余晖，撒下一缕缕细网，很慢的图景，不一会儿，河中便只看见排列有致的浮子漂在水面，爷爷上了岸，微笑着等待明早的丰收。

爷爷就是在以水为友的一生中，养育了我们三代人，我知道乔口的水也养育了爷爷，滋生了代代相传的渔业文化，一生结网捕鱼，织出了最朴实的人情，也捕获了最纯真的幸福。

江南的水乡，阔远的天空，无际的湖河，一叶小舟，一位老人，一张网，划动了一生的文化情结。

（2015 年 4 月"望城地方文化素描"征文竞赛获奖作品）

# 靖港幽情

◎ 望城一中 394 班　姜　瑛

闻一抹幽淡的清香,踏上靖港一条幽僻的小径,我来到这古镇,像梦一般,情早已不能自已。幽幽靖港古城,在我的感受中,它仍有原始的味道,似时光回溯到古时,这番美妙如梦如幻,自此次我对靖港的情已深入且着迷了。

文化古城边那柔美飘溢着的柳枝条点起了河边的鱼儿,轻闻这古城的味道,只可感清新甜润中扑来墨香,而远处那些商铺上的干鱼,泛着炸得发光的诱惑,令许多小孩望着直吞口水呢,这儿两边陈列着一些稀奇又好玩的东西,好似一种稚嫩的童趣让这座古城变得更活泼了些。

可这仅是初踏入者的感觉。轻踏在石块小径上,任轻风抚摸中夹杂一种独特的味道,走上靖港的那座桥,幽静的树荫错杂交缀着,引得河面泛着轻微的涟漪。不知是谁轻轻地诉说,向我诉说这靖港的故事,只觉内心被牵引着,更深地走入它,我觉得会让我收获更多惊喜。

转眼间,收步停驻时,看到那一把油伞,一种幽愁之感便涌上心头,为何会这样?我轻声问自己,便想到了那句:我撑着油纸伞,独自彷徨在幽长又寂寥的雨巷,这种内心突涌的感觉是靖港带给我的,在这里我能体味到更多诗词中的意境。

而站在桥上的那刻,余晖点点,太阳也沉入了这个画面,我想到了那段话:你站在桥上看风景,看风景的人在看你。明月装饰了别人的窗子,你装饰了别人的梦。多么美妙而又深情的话,用在此刻,我觉得最为适合。

踏着余晖,在落日的映衬下,我再次深情地回望靖港古城,内心泛起浪花来,因为爱上了这古城的景色与文化。

都说一切景语皆情语,当你深入了解,并用心感受这个地方时,你会发现这地方给你带来的太多了,幽幽的小路上有我来时痕迹,不深不浅,不紧不慢。靖港古城的幽静是繁花点点,星星闪光,静水流淌的风景。

这时衬着这景,我不禁吟诵一番:"轻轻地,我走了,正如我轻轻地来,挥一挥衣袖,不带走一片云彩。"

我想象着生活在这儿的人,无论过去或现在,都该有一番"采菊东篱下,悠然见南山"的心境吧!

(2015 年 4 月"望城地方文化素描"征文竞赛获奖作品)

# 绘 图

◎ 望城二中 277 班 罗 捷

身旁的画架上码着几根削好的铅笔,面前的花画板上一张奶白色的画纸,我握起笔,思量着如何描摹我的家乡——望城。

我伸出指尖轻轻地摩挲这画纸,抬起笔来,在纸张的左上方,开始绘图。我想先画画我最熟悉的名峰古驿,细长的线条是黑麋峰上的小雨,稀稀疏疏的,掉落在万物的头顶或肩上,也没有丝毫被打击的疼痛感。

黑麋峰是桥驿的象征,若是你来到了桥驿,必须得去一趟黑麋峰才算不枉此行。说起此地,浮现在脑海中的便是一座又一座山和一片又一片青葱森林,凭此黑麋峰被评为了国家级的森林公园。但让众多游客慕名而来的却是黑麋峰山顶的仙麋庙。此庙是道家福地,关于历史,纵然并不源远流长,但我也无从追溯了。此庙每年香火不断,着实是凭的"实力",因为仙麋庙的灵验度很高,很多游客还常来还愿和募捐。

庙里有金光闪闪的佛祖,还有穿着黄色布衣的光头和尚。庙里弥漫着香烛的独特味道,光头和尚在这味道中敲起了木鱼。静谧的寺庙只有一下一下的木鱼声,透出一种压抑着的严肃,门墙的两只石像微微弯起鼻子,只是坚定地把庙门守护。

我悄悄加重了力道,画着庙前石像下最后一抹阴影。

停了笔。托起下巴,望向窗外,看见阳台上精致的花盆,忽念起我只去过一次铜官。于是轻勾起唇角,新换上一支尖细的铅笔,又开始了我的绘画。

踏着一块块的砖红色,我走在了铜官窑的街口,看着沿街 150 多家工作室,使我更加热爱这个釉下多彩的发祥地,平时会有很多游客走进工作室,亲身体验做陶的满足感。"泥人刘"的传人笑嘻嘻地说:"这手艺后继有人!"

给"泥人刘"狭小的舒展不开的皱纹添上最后一笔,我又赶紧换了支铅笔,时间不多了。

勾勒出洗笔泉的潺潺流水,描绘出欧阳询在书堂寺提笔习书的专注模样,望城的名景之一——书堂山也终完笔。

一张白纸被画好的素描所填满,然而望城的地方文化岂是这一张小小的素描就能完全体现的?

(2015 年 4 月"望城地方文化素描"征文竞赛获奖作品)

# 美丽望城

◎ 望城二中 262 班　胡　淼

我出生于一个民风淳朴的小村庄,依山傍水。我唱着一首首"月亮粑粑,肚里坐个哆哆"的歌谣,听着一句句字正腔圆、朗朗上口、抑扬顿挫的望城话,喝着一碗碗冒着热气的芝麻茶,慢慢的,慢慢的,在这个小城镇中摸索,长大。

一

连绵青山丛中,高大杉松的掩映下,一座建筑简单却令人肃然起敬的庙宇映入眼帘。爬上数级石阶,越过竹林,听着泉水叮咚,在盛夏清晨满头大汗地登上山顶,在一座座佛像前虔诚地祈求平安,幸福。每一年总有那么几天,山脚下的居民如同约定好了般,早早地登上山顶。噼啪的鞭炮声,缭绕的细香,雄浑的击钟声,一切都是那么地庄严穆然。没有酥油红绳,没有金佛玉像,却以一种特有的真诚使这个早晨变得美好充实。庙里早早准备好的斋饭,在红日冉冉升起之时,分发给这些虔诚的居民们。一个地方便有一座这样的庙,立于山顶,如保护神,保佑着山脚下的老少居民。即使是在这样一个科技发达、崇尚科学的时代,也改变不了这从古延续至今的传统,不为求得官名功利,只保佑全家平安健康。

二

忆起童年时,每每在外面疯玩受到惊吓,晚上连着做噩梦,胃口慢慢变差,整体恍惚时,奶奶便会在傍晚时分,太阳落下山坡,鸟儿赶着回家时,让妈妈在家里抱着我,自己就在我受惊吓的地方一遍又一遍呼唤着我的乳名,叫我乖乖回家。尽管当时不解原因,却还是在连着数日的呼唤下慢慢恢复了之前的活力。后来懂事了,明白这叫"收吓",也曾一味指责奶奶这是迷信。可时光渐渐流逝,当我再次看到别的老人蹒跚着脚步,满目慈祥地呼唤着自己孙子的乳名,我竟莫名地怀念奶奶。可我的身边再也没有这样一个人,再一遍又一遍地唤着我的乳名,帮我"收吓",再也没有这样一个人为我跋涉山路,从庙里求来平安符,苦口婆心地劝说我贴身戴着。多希望可以乘着时光机回到过去,把那个红色平安符紧紧地戴在身上,并报以微笑谢谢奶奶,收回自己当时的话,这不是迷信,是奶奶对我深切的爱。

我在这片土地上生活了十六年,从未离开。如若可以,我愿化作长风,丈量每一寸土地,看尽每一场悲欢,不枉此生……

(2015 年 4 月"望城地方文化素描"征文竞赛获奖作品)

# 领略望城，风采奕奕

◎ 望城二中259班　汪　萍

　　"月亮粑粑，里面坐个爹爹，爹爹出来买菜，里面坐个奶奶，奶奶出来绣花……"朗朗上口的节奏，婉转轻快的韵律，为望城人广为传诵。也许，对于望城你们并不熟悉；那么，就让我们一起乘着望城大巴来领略望城独特的风采吧！

　　望城，北连洞庭，南毗岳麓，物华天宝，浑然天成，人杰地灵，历史悠久，文化底蕴深厚。这望城文化就像滚滚湘江水滔滔不绝，穿越于时空的长河，逾越了千年的历史，构成了望城城区的精髓，源远流长，焕发生机与活力。

　　陶瓷釉下多彩发源地铜官窑，唐代大书法家欧阳询成长地书堂山，千年水乡古色古香的靖港古镇，风景秀丽具有自然气息的黑麋峰，誉为"剪纸之乡"的白箬铺……一处处极具特色的风景名胜，吸引着各地游客驻足观望。

　　我家住在铜官，沐浴着党的春风。近年来，望城致力于"打造铜官陶城，建设中国古镇"。于是沉寂了多年的铜官古镇又重新找回了自己鲜丽的外衣。如今已经修缮改造后的铜官古镇，古色的地面，街道两旁高耸的建筑，湘江旁古铜色的锁链，随处可见的陶砖陶瓦，还有风格各异的陶器器皿，似莲蓬，似鱼鳞，似扁钟，无处不散发着浓厚的古镇气息。更有亭中小巷两旁的壁画，栩栩如生。用陶土烧制而成的塑像，色彩艳丽，美丽端庄。其中，最令人流连忘返的还是千年不熄的窑火，它是铜官独特的象征，也是望城最宝贵的非物质文化遗产。

　　铜官不仅风景美，人更美。平常的日子里，街坊邻居更是亲密无间。

　　人们总是走走东家门，串串西家户。因为你只要走进他们的家门，总会被热情款待一番。其中茶是少不了的。具有当地特色的豆子芝麻茶，当滚烫的开水与豆子和芝麻完全融合的时候，滴滴润滑，沁人心脾，让人无限眷念，堪称一绝。

　　铜官人也很讲究"邻里情"。远亲不如近邻，街坊邻居的，谁家有点事，婚丧嫁娶，都得"送"一点"人情"，道个喜或道个恼，不这样就不合礼数。这些才是真正的民风，温润望城百姓的心灵。

　　美丽的望城，一江襟带，明珠闪亮。所以，让我们踏着欢快的脚步继续领略望城的奕奕风采。等待望城被打造成为极具地方特色、富含文化底蕴的新城区。

（2015年4月"望城地方文化素描"征文竞赛获奖作品）

# 旧　事

◎ 望城六中 265 班　程嘉玲

当那细腻润滑的泥土慢慢与我的手吻合,泥坯悠悠地转动起来。那泥坯在我手中逐渐成形,像极了一个新生命的诞生,正在完成它初步的改造。在我的记忆中,有一双枯瘦粗糙的大手按着我的小手一步一步教我拉坯的技法。如今昔日的风景不复存在,只在心中留下萧条的落影。

小时候,在我的记忆里,父母总是特别忙,匆匆地来又匆匆地走了。我几乎是在爷爷奶奶身边长大,而我生活的这座小镇具有浓郁的古朴气息。这个地方北连洞庭南毗岳麓。每天清晨,我和一群同龄小孩背着书包从一条小街经过,街名牌楼高高耸立,古色古香,陶砖陶瓦的古建筑林立两旁,风格各异的陶器皿俯拾皆是。往往我都要在这驻足一会儿,看那街边的老师傅做陶坯。那熟稔的手法如行云流水般,散发着陶瓷的魅力,让人流连忘返。直到同伴不迭地呼喊,我才从那绝妙的技法中醒悟过来,然后迈着急匆匆的脚步去上学。爷爷也会做坯,在家闲着的时候,总会拿出那伴他几十年的坯盘来做坯,创作出一只只线条流畅的花瓶。可谓是"随手摸陶形,随眼见陶影,随耳听陶韵"。听爷爷说这里的窑火已燃千年,是这里最独特的名片。

每年端午节前夕,奶奶总带着我去田间地头采摘新鲜的艾草和菖蒲。我不知道那散发出难闻香气的绿色植物有什么用,因为讨厌那香气,所以每每采的时候总站得远远的,看奶奶在那里采。将它们晒干后挂在门顶或是窗户顶上,这样它散发浓郁的香味可以驱赶蚊虫,防止蚊虫入室内。

当奶奶告诉我时,我还在讶异原来那难闻的香气是有用的呀。端午节时,这里要举行龙舟比赛;选出村里壮实的小伙子来参加。这天也是我们小孩比较闹腾的撒欢的一天。看完如火如荼的比赛,回到家中,奶奶早已蒸好了粽子,屋里散发着糯米和竹叶的清香,让人食欲大增。

我和爷爷总喜欢去渔都捉鱼,那里可以让我们浮躁的心情得以宁静。倾听渔歌互答,赏乔口美景,饱食乔口的文化!

瞧,这里人杰地灵,有着深厚的文化底蕴,让人情不自禁地向往……

(2015 年 4 月"望城地方文化素描"征文竞赛获奖作品)

# 走过望城

◎ 望城六中 274 班　张龙俊

湘江岸边,柔石浅滩,孕育了一座美丽的小城——望城。这里的文化色彩,没有故都的深邃,没有岳阳楼的多变,它是五光十色的。走过望城,这里的文化每一处都散发着璀璨夺目的光芒。

听!远处传来的声音,没有黄梅戏的柔音多情,没有京剧的脸谱多样,但却是中华民族艺术殿堂里不可或缺的一颗精巧的明珠。是的,那就是皮影戏。走过新康戏乡,见识到了这样一种音乐,它胜于俞伯牙、钟子期的《高山流水》,胜过《夫妻双双把家还》,它不需要宽广的舞台,不需要繁复的戏服,甚至不需要"戏子"。只需拿手中摆动的小人儿,一张帘布,就能唱出不尽音符,按时下的话就是河西班子能给紧张的都市生活带来舒适感。

看!匠师们拿手中的泥,烧制出种类繁多、色彩缤纷的器皿——铜官窑,已具有几千年的历史。铜官窑的名气虽比不上全国六大名窑,烧制出的器皿也不及景德镇的柔美,但制陶工艺在历史长河中流淌了几千年,其选用的瓷泥并不遵循"南青北白"的规律,反以最普通的色彩夺取我们的眼球,使铜官窑显得朴素而深邃。

"他山之石,可以攻玉。"生活在柔石浅滩的丁字湾人民,有着独特的麻石雕刻工艺,记录着当时的文化。人们常说对事物"有口皆碑"不如无字碑的沉默,它散发的光芒都镌刻在上面。

走过这条古街,听到一声声叮叮声,我停留驻足,烧红的铁,碰撞成形,这并不是制作兵器,而是生产生活的用具。

慢步徐行,一缕香味迎面扑来,那是望城有名的手工擀面。进入店中,只见一块宽阔的地方,一根大竹,两位中年男子坐在竹子两端,挤压着中间的面团,此后无数香味在空气中蔓延。此外,这儿还有靖港香干、毛毛鱼等美食小吃。走进望城,走进佛门静修之地。这里的佛教文化被较好地保留了下来。僧侣诵经,众人祈祷,佛教文化给人以理想信仰,洗涤人们在尘世中的喧嚣而浮躁的心灵。走过了靖港,了解这里大放异彩的文化。

走过望城,洗涤了我的心灵,陶冶了我的情操。这是大千世界之中的一片净土,此处的文化深远、悠长。尽管没有声震五岳的大名气,但却似繁华中雨后春笋般钻出来,正是这种悠久的文化底蕴,使望城完美地展示在世人面前。

(2015 年 4 月"望城地方文化素描"征文竞赛获奖作品)

# 还有一个角落种花

◎ 望城六中 252 班　秦　练

　　时光荏苒,城市化的进程时刻在推动着我们前进的步伐,回头看,是否仍有一脉文化在传承? 是否还有一个角落给我们种上文化之花?

**历史的传承——靖港**

　　阳光明媚,天气晴好,邀几个玩伴同游靖港,期待的心情还未平复,便循着地图走向了那铺着青石的古巷。古巷深深,镂空的檐子和雕花的梁上,有着说不尽的古朴与温柔。循着声音找去,看到几人抡着木锤在敲打木糖酥,额边渗出的汗珠就像一颗颗闪闪发亮的钻石,沿着布满细纹的脸庞滚落下来,不用去听那淳朴的笑声,就可以体会到这劳动的喜悦。沿着青石板向前,这座依水而生的古镇似乎有了更幽远的意蕴。曾国藩行军营伫立在水的中央,传承着湖湘儿女保家卫国的决心;街边的老人,徒手做出了逼真的糖人,引得过往的游客赞叹不已;水边的柳树上挂满了红色的祈愿丝带,但愿真有神明能护佑他们平安健康……

　　迎着春风,沐着阳光,不知不觉走到古巷的尽头,依依不舍地回望,不知道下次会不会遇到一个撑着油纸伞的姑娘?

**精神的传承——雷锋故居**

　　郁达夫曾说:"一个没有英雄的民族是可悲的奴隶之邦,一个有英雄而不知尊重英雄的民族是不可救药的生物之群。"作为望城儿女的我,有幸出生在英雄的故里,怎能不怀着一颗崇敬的心去探访这位英雄生活过的地方? 走进雷锋纪念馆,看着那些陈列的旧物,听着解说员对雷锋的介绍,忽然觉得这位英雄离我们那么近又那么远。走近那低矮的房屋里,用手去触摸那泥土做成的方砖,心里有个角落瞬间开满了鲜花,想想那螺丝钉的精神,便知道还有许多的东西是需要我们去传承的。

**城乡的融合——光明村**

历史不能永远停留在时光里,那些书卷里的记忆并不叫生活,时光流逝,总会推动着一些文化的发展。比如说光明村,这个迎着阳光努力发展,给人带去希望与光明的村庄。骑着自行车沿着马路向前,没有青砖石板给人的意境那么古朴浪漫。丢开行囊,沿着石阶拾级而上,登顶俯瞰,农田房屋尽收眼底,宽阔的马路上汽车载着梦想飞驰驶过,这难道不是最好的传承与发扬吗?若心有文化的嫩芽,每个角落都可以开满鲜花!

(2015 年 4 月"望城地方文化素描"征文竞赛获奖作品)

# 花海里，不变的信仰

◎ 望城职中音28班　朱　畅

三月的微风吹拂过片片绿酥酥的油菜地，吹开一朵朵金灿灿的油菜花，早晨下着点小雨，缭绕在山顶上的一些云雾还未散开。

我站在这片花海里，四下只感受着微风轻轻拂过我的脸庞，三月这么美妙的季节，万物萌生的时候，我们感受着新生命带给我们的惊喜。

"如果你是一滴水，你是否滋润了每一寸土地"，每每想到这句话，我们必定也想起了老家住在望城县的雷锋叔叔，同样我也是望城县人，每当他的好事被人传颂和赞扬时，我们能想自己同样作为一名望城人的那种兴奋与自豪吗？无论是他每天坚持所写的雷锋日记还是他所具备的钉子精神都深深印刻在我们的脑海里，挥之不去。

如今，有很多人说学习雷锋精神那是逗小学生玩的，他们认为管好自己就行，何必去在乎别人呢？当今社会，正是由于这种思想的人越来越多致使社会上出现许多惊世骇俗的另类分子，造成了人心慌乱，国家与社会之间的不稳定。我觉得现如今社会正需要大力弘扬三月雷锋精神，传播正能量。只要我们有信心去做好自己，对未来有着更好的追求，艰苦奋斗，不折不挠地坚守自己的岗位就一定会有所收获。

在望城，你经常能看到关于雷锋叔叔的一些名人事迹，这些名人事迹，时刻提醒着我们要弘扬雷锋精神，毛主席说过，向雷锋同志学习，所以，当你遇到别人有困难或遭遇窘况时，期待你伸出援助之手，给予他人温暖，让他重新燃烧满怀的希望。赠人玫瑰，手有余香，我想这句名言所要表达的含义就是这样的吧！

当你仔细地走过每一条小街，每一个巷口，又或者是车水马龙的城市繁华大街，你会发现每一个地方的不同之处，同时它们的本质却是一样的。不同的文化，不同的地理与环境，折射出我们共同的信仰。我们期待明天的美好，所以我们努力地坚守自己的岗位，我们期待未来的一切，所以笑对生活。

我看着这片花海，在微风的吹拂下愈发明艳与芳香，我期待下一片花海将是这样永垂不朽。

（2015年4月"望城地方文化素描"征文竞赛获奖作品）

# 小城一角

◎ 望城职中财会48班　陈晓阳

我在这座城市里生活了15年。这座喧嚣的南方小城,像其他城市一样,春日里有最明媚的阳光与芬芳馥郁的山茶花;炎夏里有聒噪的知了、蛐蛐与青葱树木;晚秋里有泛黄的枝叶与仍带残余芬芳的凋零玉兰;寒冬里有人们家中升起的炉烟与飘散的菜香。时光碎片穿过光秃秃的枝杈发出簌簌的呜咽,带我穿越四季,领略风情;途经人生,尝尽百味。饮一勺烈酒看遍这座城市的每个角落,看尽城市里所有的人情风景与文化。

这座小城有着与其他地方一致的四季风景,但却有与它们不同的风味与特色。

我不知道用如何美好的词藻来说出望城的别致,或许它在别人眼中谈不上别致。但我也想给你娓娓道来。

腊月八日这天,我很小的时候便记得,奶奶会洗好并煮好一大盆黄豆,满屋子都是豆子的清香,那时我还总是调皮又嘴馋,趁奶奶不注意偷偷抓一大把,一个人躲在草坪胡吃海塞。有时候吃到了一颗发霉的豆子,难吃得吐了出来。吐出一大口被我嚼烂的黄豆。吐掉后又觉得可惜,于是鸡笼里的鸡跑出来争先恐后地把它啄得一点渣都不剩。

奶奶还会把豆子腌在像蜗牛一样的瓦罐子里。亲戚来串门就做一盘腊八豆炒肉,整个屋子都是酱香四溢。有时还会将一罐罐腌好的腊八豆送给来拜访的亲戚客人,奶奶的眼角荡漾着笑意。那个时候几乎家家户户都会做这种腊八豆。可是后来,村里的那些奶奶一辈越来越老也都懒得再做腊八豆,也只有奶奶还在有事没事的时候做一些,一罐罐地送出去。

以前奶奶还会腌鱼。那种带满酱香的鱼,炒着吃味道很鲜美,有很多人会来我们家买咸鱼。可奶奶总不愿收他们的钱。总说:"这样的鱼和豆也不知道还能做多久。"

我知道奶奶在担心些什么,时间飞速往前,城市的脚步飞速前进,时光轨迹在渐渐远离。今年2015年,已经不再有人会来我们家买咸鱼和腊八豆,奶奶也不再做鱼和豆,因为在去年的大年三十里,奶奶永远闭上了双眼,她终究没见到2015年新一轮太阳,她再没有机会做那些鲜美的鱼和豆,也没人将她的手艺继承,虽然有很多人家里依旧有着腌鱼和腊八豆的酱香,却失去了奶奶的味道。

这是一个在这座城市的角落里静静流淌的年华故事,承载了奶奶的鱼、豆和这座城市的血液与文明。

(2015年4月"望城地方文化素描"征文竞赛获奖作品)

# 简画望城

◎ 望城职中机电 44 班　刘四伟

　　展开画卷，一幅只有黑白两色的淡雅工笔画浮现于眼前。它的清秀，它的明丽使我想起一道身影，肤如凝脂，手如荑荑，巧笑倩兮，美目盼兮。

　　在清风下仰望天空，是那么纯净，好似不掺杂丝毫人间烟火。些许白云悠闲地飘荡，不会因恶的工厂愤怒而变得阴沉。我常想有如此纯净美丽的故乡，不失为一件令人自豪的事。望城，我的家乡，我喜爱她的凝脂般的肌肤，无瑕。

　　漫步于乌山的小径上，感受绿意的蓬勃；悠游于清波荡漾的渭水河，体会鱼翔浅底的欢乐。抬头群鸟嬉闹，俯瞰万类自由，我迷恋于她荑荑轻抚面庞。

　　些许重笔之处，不只在于景，景美人更美，皆在此。

　　望城地虽不算大，却隐藏高手无数，且待观画细数。

　　先说我略有听闻的。新康有"戏乡"之称，不难想到，此地肯定隐匿了相当数量的戏曲高手，只待外人来此地，怎么也会听上一段花鼓戏。此乃一笔。又偶然瞧见一极为精致的瓷器，问其出处，原来出自望城著名的"铜官窑"。那精细、清明的花纹竟有如瓷器的脉络一般。我明了在铜官竟还隐居着一群如此心灵手巧的民间艺术家。这又是一笔。

　　再巡视周边，高手也不少，同村的张大爷虽年岁已高，可手法却不见生疏，手工做得无不令人赞叹。只要几根竹条，就能在他手上变出各种花样，如昆虫，又或是器物，大多为一些能盛物的竹篮。不同前两笔，这笔有了一点若隐若现勾勒的意味。

　　我有些倾倒于她含蓄的笑了，我的故乡，望城。

　　未来总是有如阳光般灿烂，给人以无限希望。经过岁月的清洗，终是有许多人注意到了她。近段岁月，望城成了"最宜居城市"。更多人爱上了这里的景，爱上了她的清秀、明丽。我为此而感到深深的自豪。

　　家乡终于盼来了世人的欣赏，而我们也应为此努力，使她更完美，更靓丽吧。我的家乡，应该被更多的人所知道。

　　简画品完，更有无穷意味在心头。

（2015 年 4 月"望城地方文化素描"征文竞赛获奖作品）

# 淌过心头的湘情

◎ 望城一中 439 班　赵雪仪

安静地伫立在这江南,巷子里藏着隐秘的愁思。雨顺着油纸伞边悄然坠落,晕成一片浅紫色的梦境。

湘绣。美艳秀丽,针针都华丽清雅。足踏清波的女子一颦一笑,动静皆成风景,落在眼底赏心悦目,宛若那画中翩翩起舞的仙子,翩跹轻绝,肤如凝雪,罗裳轻染,芳泽无加。绣娘如是,绣中那温婉的女子亦如是。一针一线绣出一股湖湘特有的温雅,绣出一股没来由的欢欣。指尖轻抚过绣面,好似在一段轻柔的流年里游走。绣中的花次第绽放,绽放出一片似有似无的情愫,仿佛是长沙老巷子里撑伞的姑娘款款而来,吟着一首轻轻的小曲,教我如何不细听?

湘戏。不知不觉夜已微阑,恍惚听到烟雨楼台之中,有人浅唱花鼓戏。不似上海的繁华浮艳,不似江浙的哀绝成篇。那一支支五彩的民间花鼓歌舞在悠悠流淌的岁月中沉淀成一段段流光溢彩的花鼓戏,胭脂尽染,浓妆淡抹,轻敲锣,浅捶鼓,花间梦事,虫声新透,随戏入心头。这戏,又似乎不是戏,不然他怎么会像诗一样充满情思?这戏,却又还是戏,因为这才是湖湘儿女演绎的诗。恍恍惚惚,他似乎是将心中的一种久久存在着的感情唱了出来。我不明白那是什么,它竟是那样浓烈,浓烈到要和湖湘长长的历史糅在一起,要在袅袅戏声中勾勒出这片我深爱着的土地的样子。

湘人。我站在历史的长河边回望,蔡伦、曾国藩、左宗棠、毛泽东……他们的名字一一在我脑海中浮现。那些历史沉淀中的画面一帧一帧地播放。震惊世界的造纸术就在眼前呈现,那一句"无湘不成军"就在耳畔响起,收复新疆的欢呼久久不散,中华人民共和国成立的景象那样鲜明……那些个在这里生长的人,他们在悠远岁月中的身影已经明晰,他们为这片土地奉献了多少,又为自己留下了些什么?或许,爱国、奉献便是湘人的信条;或许,在他们心里也铭刻着湖南的名字,我的心中忽然涌出了一种想法,那种在我心头久久不散的情感,我或许知道了他的名字。

雨还没停,淅淅沥沥,长江边的小路,铺开了湖湘的繁华,我现在知道,那种在我心头悄然而至悠然淌过的情感,是湘情,亦是国情。

(2017 年 12 月"白云万里独归乡"征文竞赛望城一中组获奖作品)

# 窑上彩陶话唐诗

◎ 望城一中 422 班　李可鑫

　　"君生我未生，我生君已老。君恨我生迟，我恨君生早。"短短四句诗描绘出一个凄美的爱情故事，女子哀伤而无奈的愁情仿佛跨越千年而来，让人为之惋惜。诗词刻于陶上，借用这隽永而唯美的艺术品，将唐朝文化传承了下来，让我们通过彩陶唐诗，聊一聊唐朝那些事儿。

　　其一，乡愁自难忘。"日日思前路，朝朝别主人。行行山水上，处处鸟啼新。"游子远在他乡，漂泊在外，日日思着前路，朝朝与他人离别，四处游历，流连于山水之间，处处有鸟儿啼叫，虽是新景，却总难忘旧情。游子那无处安放的乡愁，何时是个尽头！

　　其二，离别总相思。"一别行千里，来时未有期。一月三十日，无夜不相思。"这一别即是相隔千山万山，不知何时才能再见。一月三十日，没有哪一天不在思念着你呀。自古离别多愁绪。古时一别，交通不便，常常一别就没了再见之时。这份思念却从未消散，如此境地，只让人心中长痛而无绝期。

　　其三，爱而终难得。"自从君去后，常守旧时心。洛阳来路远，还用几黄金？"痴情的女子自君离去之后常常相思，劝君莫惜黄金怜真情，真爱岂为金钱所困？女子在苦苦等待怕是难有结果。一颗旧时心总归让人怜惜，愿君莫惜黄金，真情终难得。

　　其四，商贾苦经营。"买人心惆怅，卖人心不安。题诗安瓶上，将与卖人看。"商人总逐利，买人心中为这价钱惆怅，卖人心中总有不安。可这"不安"大约总被贪心蒙蔽，否则买人岂会心中惆怅？借这彩瓷话其心声，既是文化的传承，亦为这不朽的艺术品增添了不少民间"地气"，当真用得好、说得妙。

　　看了这么多优美动人的唐诗，唐朝文化之丰富多彩也跃然纸上。而承载着文明的彩陶，不仅是一种载体，更是一种象征，一种唐朝文化的艺术结晶。

　　唐朝首创的釉下彩瓷新工艺，将诗歌题于瓷器之上，既是装饰，也为其赋予了更深厚的文化内涵。铜官窑的瓷，存留千年仍风韵犹存。铜官窑的诗，穿越千年仍风采不绝，这绝美的艺术，也必将流传下去，不绝于世。

（2017 年 12 月"白云万里独归乡"征文竞赛望城一中组获奖作品）

# 乡　味

◎ 望城一中 418 班　周依林

有一个地方,藏在心里,那就是故乡。

这里存在着我午夜梦回的欣喜,储存着年少懵懂的记忆,传承着历史悠久的地方文化。看着灯影后的人物,听着"咿呀"难懂的戏曲,等待着瓷窑中即将现世的精品,浓浓乡味充斥心间,江南烟雨的蒙蒙似乎也掩盖不了她迷人的魅力。

在灯影旁,有我的梦。梦之所至,情之所起。技艺高超的艺人用丝线连起皮影人,在每个夏季蝉鸣的傍晚,聚集劳作一天的人们看一场精彩的皮影戏。一盏灯,一扇屏,几个皮影人,工具虽简陋,却是农忙后最大的享受。不知梦中何时桃园三结义的一幕幕闪现在眼前,孙悟空三打白骨精的场景仍历历在目。月的光辉洒落床头,是谁的嘴角轻轻上扬,做着那有着故乡气息的美梦?

在戏曲声中,有我的情。情之所起,爱之所往。看不懂舞台上做动作的演员,听不懂余韵绕梁的唱词,心中却突然记起"一见钟情"这个成语,第一眼所见,就被深深地震撼,像沙漠中的旅者忽然看见绿洲,那心情,岂一个"喜"字了得?倾听着《刘海砍樵》中刘海与胡大姐朴实而动人的爱情故事,不自觉地哼唱着,心中对家乡的依恋更深了。丰富多彩的家乡地方文化,像一股清泉,蜿蜒流淌,滋润着每个人的心。

在瓷窑旁,有我的爱。爱之所往,心之所归。静坐着,在斜阳余晖下,用心来塑造一份属于自己的彩陶。添水、塑形、上釉、入窑等一系列工序下来,早已经累得不行,却依然固执地等待着,希望那盛满心意的陶杯早一些做好。也许这里没有瓷都景德镇的名气,但这里有的是多年文化积淀的底蕴。看那一个个色彩鲜亮的瓷盘,在经过黑暗的掩埋后,仍能散发属于自己的光彩。这不正是"呷得苦、霸得蛮、耐得烦"的乡土文化精神的体现吗?

有一个地方,叫家乡,那是我心的安放之所。这里的山水养育了我,这里的文化感染着我。故土仍在,雅韵悠长。家乡的味道,就潜藏在各具特色的地方文化之中。嘘,别急,待我一一发掘,细细品味其中浓浓的乡味。

(2017 年 12 月"白云万里独归乡"征文竞赛望城一中组获奖作品)

# 新康四韵

◎ 望城一中444班 高 媛

## 一、花落烟舟

春信来时,有花静候。独于新康,烟雨行舟。但见池畔杨柳依依,池中残红点点,风里幽香渺渺。至于过往行人,缓步慢行,看白鸟惊枝,落花满身,皆悠闲自得。若是相逢故交,亦只闲话三两句,不问来处,不问归时。白云轻飞,碧水无尘,静时轻拣一卷诗文,低诵一阕《桃花偈》,顿觉山河简静,人事从容。"自从一见桃花后,直到如今更不痴",桃花娇艳,于明媚春光里尽展其绝代风姿。偶有清雅佳人巧笑而过,竟不知,是花红一筹还是人胜三分?

## 二、莲开清池

仲夏将至,白莲尽开。浮青剪绿,碧叶自裁。花径笔直,不蔓不枝,白瓣如洗,亭亭净植,香远益清,几度蝶来。岂知君子,温润通透,清醒自持。明净从容,至于船夫浣女,则于此碧波之上,"看花采不得,屈作采莲人"。然纵是此般,其亦可褪去世俗烟火之气,回归本真,与莲来一段清澈又漫长的灵魂对话。绿波弥漫,暗香浅动,不知浮名,不问前程,及至夜间,万籁俱静,白莲半醉,烛火惺忪。于几丛藕花深处,却忽闻水声迭起,欢笑阵阵,渔歌互答,纵酒高呼,试问天下之莫大,此乐何极?

## 三、月上东山

金秋之月,丰收在望。江风习习,稻香阵阵。农务虽繁,亦可开怀。清爽之日,风雅之时。落霞孤鹜,秋水长天,折桂酿酒,采菊东篱,酒味甘醇,菊意清冽,忧思尽忘,不惊不扰,唯于现世,饮酒赏花。至于中秋月夜,亲人相聚一堂,言着几段反复老旧的上古传说,看着年年如一的东山玉蟾,顿觉生活除了酒肉穿肠,还有明月清风,世事安然。

### 四、钟彻古寺

冬意来早，天地寥廓。唯见青松，长立不倒，亘古未老，枝叶苍翠，身形挺拔。不惧寒风，不畏雨雪。钟声缥缈，行人寥寥，洪山寺中，佛语低吟，轻烟起荡的香火，浩然杳渺的梵音，在悲悯的佛前，所有的红尘琐事都已微不足道。至于无边荒野，乡村集镇，皆于这夜雪钟音中沉沉入睡。一切就这么静了下来，天地苍茫，古韵明澈。

书文尽而心未绝，冰弦断而遗有音。品过新康四韵，才可于明朝闲看春花繁盛，惯对秋月消残。

(2017 年 12 月"白云万里独归乡"征文竞赛望城一中组获奖作品)

# 花衣水袖,鼓瑟传情

◎ 望城一中 428 班　朱佳茹

青石小巷,幽长甬道,锣鼓管弦起承转合,和着悠扬唱词从里面传出,声声入耳。你也许早闻铿锵昂扬的京剧,也听过气势磅礴的秦腔,但若在长沙你一定不能错过在湘江河畔生长的金兰——花鼓戏!

初遇的场景历历在目,夜幕初降,办喜事的乡里人家支起戏台,锣、鼓、二胡、竹板纷纷就位。手持二胡的老者,神色庄严,屏息凝神,奏响第一个音符,如同划破黎明的第一声鸟鸣,惊艳四座。锣鼓声随后响起,锣声闷,似惊雷阵阵;鼓声亮,似雨点声声。锣鼓声错杂有致,身着戏服,飘逸的裙袂衬得美人如蝶,翩翩登场,待她停下脚步,端好站姿,红唇微启,婉转的戏腔与乐声完美地衔接在一起,唱词随着剧情时悲时喜,乐声也时抑时扬,台上演员时而叉腰嗔骂,时而掩衣拭泪,台下观众听得痴迷,也时而拍手大笑,时而捶胸顿足……一场戏落幕,余音绕耳,迟迟不散。

在长沙无论大小活动,花鼓戏都是不可或缺的节目。戏台可能是灯光耀眼的舞台,也可能是乡野人家的堂屋。剧情也许是娓娓道来的爱情故事,也许是寻常人家的家庭琐事,唱词、念词均是乡音,服装、化妆均是市井乡民模样,话的是乡土传说,邻里逸事,一切源于地方,却也雅俗共赏。

如今花鼓戏也绝对不只流行于老一辈,年轻姑娘们穿上了戏服,咿呀学语的孩子哼着歌调,花鼓戏在新生代手里日新月异,焕发生机。

花衣水袖,舞动的是古老的文化,鼓瑟和鸣,传递的是浓浓的乡情。最近一次看花鼓戏,看的还是经典剧目《刘海砍樵》,不过意外的是,站在戏台上舞动水袖、戏腔婉转的竟是十几岁的姑娘。戏腔、动作也许尚未成熟,但举手投足间皆有一种古典的韵味。

花鼓戏作为长沙人们心头上的一颗明珠,只会在时光的洗礼中愈发明亮,在长沙人的乡愁中愈发珍贵。

(2017 年 12 月"白云万里独归乡"征文竞赛望城一中组获奖作品)

# 我和你不期而遇

◎ 望城一中 424 班　范明慧

"靖雨溢云水墨愁,当年渔火映西楼。古堤樟柳花浸月,镇兽黛瓦瑶池羞。"

你是江南一局下不完的棋,虽没有文人用笔墨斗千年,也没有将相用兵马驰骋一生,可你就是你,与天地对弈,下的是淡定从容,下的是古朴纯净。而我在此年少风发之时,三生得幸遇见你。正是那清辉懵懂,仅与尔浓。

林徽因说:我折一根柱枝,看下午最长的日影,要等待着十一月的回答微风中吹来。而我在这樟影斑驳青砖粉墙间,看水波微兴与你不期而遇。那一年,转山又转水辗转四座城市来到你的身边,你动人的一颦一笑温和不刺眼,你的青砖黛瓦,点点滴滴,都如那亘古宇宙之中的星之转轨吸引着人们的向往。

有人问起你的名字,你说你叫小汉口,那驿桥桩下埋藏着你几百年来对历史的见证;你说你叫水镇,那思木桥下流淌着你无数日子里的欢笑与眼泪;我们叫你靖港,积淀了千百年人文底蕴,吸纳了千千万万水乡仔囡的毓灵秀质,便成了你——南国湘江支流上的一抹水墨丹青。

春雨入夜,有驾舟老翁泛舟河上。撑一竿长篙,穿过长长的木桥石拱,去找寻白日里出游不归家的鸭子。有孩子抱着一只小白狗,任爸妈打骂也不肯撒手,小狗它养着养着,成了一只威风凛凛的守护神。春风也匆匆过境,知了褪去蝉壳,开始它聒噪又短暂的一生。擎一根竹竿,反贴上胶纸,不管粘不粘得中,乱打一气。那一边屋檐下坐着一个卖莲子的年轻媳妇,叫卖声清脆婉转,穿梭在高低脊檐中,连那镇兽也觉得悦耳。一曲唱尽,半边街上火焙鱼滋啦啦地响着,枯黄的樟叶落在街坊人家的水缸里边,惊起一层涟漪;姜糖的甜香味弥漫在空气里,一捶一打一拉一扯,金黄色的姜丝化成甜辣的糖,连没有了叶子的光秃秃的黄花槐也染上了甜甜的香气,香味弥散到了冬天。没有雪的日子,河水一点点减退,露出灰色的柔软的河床。日子渐久,大红烫金的灯笼攀上了门楣。第一场雪悄无声息地到来,偷走了岁月,磨平了时光。半边街与古城街的两千米,是两千米的跑道还是两千米的旅途?

两千米是两千米的春光和向往,遇见你,不期来日长久,只愿四季轮回月相怜,梦中霖雨青砖黛瓦,留一枕明月对酒酌,与你共活余生。

(2017 年 12 月"白云万里独归乡"征文竞赛望城一中组获奖作品)

# 慢的灵气

◎ 望城一中 418 班　黄一鸣

　　江南的城或多或少带点灵气，我这方虽称不了正统的江南，却也没缺那一份灵气。这灵气也是同一中具有个性，在我们这儿，便是那慢性子。

　　这份慢性子，从城市格局上便可见一斑。我们虽筑起了高楼，却没跟上工业化前进的步伐。在全国经济飞速发展的时代，我们刚从旧知中走出，便抓紧了新时代环保的潮流——这潮流，是旧时代的尾巴。所以我们的性儿是比较慢的，也因为慢，所以搭上了更好的车。

　　我们习惯了慢节奏的生活，所以有空停下来帮一帮素不相识的路人。在望城，见不到人情冷漠，见不到寒风中独自伫立而无人问津的老人、残疾人。这也许是雷先生的遗风，却也脱不了慢性子的关系。可知，性子不慢，便是有心也无力，无力于妥帖安排。

　　而慢性子，最终还体现在生活上。

　　庭院中有长椅，日光正当春头，时有清风徐来，草木成细浪。人们休憩于某长椅上，有以手抚肚侧脸而睡者，有顺首闭目疲而不顾者，有仰视伸脖嘴唇微嗫者，再所谓，提袋而过者，双手插兜缓去者……本是假日，便应休憩，至于追名逐利而故作努力者，无人问津。

　　也许在面包房内，一位女子，环视片刻，端详良久，轻拈慢提于板上，又移步重复。挑选面包，细腻分外，其为情趣、而非食也。

　　便是生活节奏，也悠哉悠哉，不快不躁，充满情趣。

　　也许有人会问，这种慢节奏的生活是否只是一种不思进取的表现？我的态度很清晰——不是。

　　这种慢，是一种游刃有余，是一种生活情趣。完成好分内工作，回归最本真的生活，是"慢"的综合表现；人情味，是"慢"的核心。

　　袭卷世界的信息潮流中，需要一种慢来调剂生活。我们的慢性子正好做了自慰这味生活的调味剂。它使我们不再"来也匆匆，去也匆匆"，不再"过客来，过客去"；我们拥有充分的时间与精力去体验，去体会，去体味。

　　我们的慢性子，真是城市之灵的存在。

（2017 年 12 月"白云万里独归乡"征文竞赛望城一中组获奖作品）

# 古镇魅力

◎ 望城一中 439 班　黄思琪

我不记得第一次去靖港是什么情形了，只记得古镇给我内心留下的不可平复的波澜。

芦江之水默默流淌。青砖碧瓦白粉墙陈述着远古，青石板桥散发着古镇特有的气息。靖港正是这样的魅力，让人忍不住沉浸其中，细想岁月在他身上所留下的痕迹。

靖港原名为沩港，因唐初李靖率兵统一南方，爱民如子，百姓为了纪念这位将军，遂将沩港更名为靖港，可以说连"靖港"这一名字，都承载着古人的美好品质与沧桑历史。

靖港里的芦水易唤起人们心里的忧思，因为它总是使人想起当年的繁华景象。靖港是天然的良港，水路通畅，帆影不绝，五里长街条条热闹，商贾云集，盐茶、谷米、油伞、木屐、火焙鱼，从吃到穿，样样走俏。那是怎样的一幅画面。当芦水还在沉睡时，船只却已早早醒来。当古镇还在沉睡时，却早已有人摆好商铺，只差没吆喝了。百多年来，古镇上走过的人不计其数，如今却只见这古韵犹存的镇子，默默流淌的芦水，不见那些又多又大的船只，像当年那般繁华的景象了。

有词就这样描写过靖港，可谓贴切至极：

古镇繁华今忆昔，芦水多情，一带清如碧。柳岸芦花飘缓急，暮云江色人随意。

百业伴随江色起，货物如山，扬帆行万里。换取金银千万兆，岁月如歌春满地。

如今这般景象被另一种宁静取代。青石板路依旧，却沉淀着文化的气息；青砖碧瓦依旧，却多了一份纯净。一切似乎都变了，闭了眼却仍能够想起当年的场景；一切又似乎都没变，靖港依旧是当初一样的繁华中透露着宁静。

古镇，当繁华沉寂为历史时，它还原一个质朴冷静的真面目，变成一犁风雨一犁野谣的村庄。日复一日年复一年，它笑对人世炎凉，不问名利纷争，恩怨是非就那样风轻云淡。空落落的宁乡会馆里，雕龙画凤的戏台，厚实的梨木桌椅，沉寂的古棋鱼池，沉淀着昨日的繁荣。

靖港是一位淡泊的老人，却让人忍不住去读懂它，如是魅力，又有几人可抗拒？

（2017 年 12 月"白云万里独归乡"征文竞赛望城一中组获奖作品）

# 茶蕴地方香

◎ 望城一中 406 班　陈婧丹

家乡是位于湖南长沙有名的"金井茶乡",那儿处处是茶香,回乡途中车窗外掠过的茶林;拜访人家时杯中的那抹淡绿;茶铺的声声叫唤……有茶的金井小镇,别是一番清香在心头。

"秋夜凉风夏时雨,石上清泉竹里茶",这样有茶香晕染的恬淡生活,在家乡便能足够体会到。曾和父亲一起去过家乡的茶林采茶,采好后,新鲜的香叶被放到铁鼎中炒青,让香味定型,鲜叶变为暗绿色时,炒青便大致完成了。再拿暗绿的绿叶放入杯中,用开水冲泡,便能看到极富生命力的场景——绿色在热水中逐渐回归,皱缩的叶子苏醒过来,展开了它的身体,散发出阵阵蕴藏于叶中的幽香,这是多么让人惊奇的景象。每每回想起来,那茶叶的生机便会在我心中泛起涟漪。

所谓"水汲龙脑液,茶烹雀舌春",茶一入口,便更能体会出茶的醇香,闻一口茶香,心便安宁下来,身体也便随之放松。抿一口茶,茶香与味蕾相碰撞,感受到茶的热度浸润了整个身体,喝过了茶,家乡的茶文化便让我懂得更深入了。馥郁的茶香背后,都是茶的独特品格。它教会我们平和,告诉我们茶总经得起时间的雕琢,我们也应如此才是。

家乡的人,总是平和而又热情的,这大概与他们长久以来品茶的习惯分不开吧。父亲告诉我,"茶"拆开来看即为人在草木间,这就是一种天人合一的境界,也为茶文化的一种精髓。茶因沸水而苏醒,释放它蕴藏的清香,而水又因茶叶被赋予了更高的价值。这大概与我的家乡相似,金井让茶文化更大地发展,而茶文化也让金井茶香的每一个角落都是茶的美好,也正是茶让家乡被人所知,让家乡的人们都如茶一样平和文静。

用茶贯穿着的家乡,有着它特有的茶文化,以茶润心,以文化人。在茶里,我们能寻得浮躁俗世中的那一份闲适宁静,更能有回归家乡的归属感。这也许就是茶带给家乡的独特感受吧。

茶蕴地方香,乡生人文情。

（2017 年 12 月"白云万里独归乡"征文竞赛望城一中组获奖作品）

# 文化望城

◎ 望城一中 407 班　丁紫桐

白云悠悠,几日飘转,何处去? 风尘滚滚,千载轮回,何物留?

有心人如是感慨,以己之力将百年之物、千年之艺保留,传至今日,曰为传统,曰为文化。望城也因此而熠熠生辉。

在铜官,有陶,不存珐琅的艳丽,不及冰裂的精致,不似青花的的精美,它只是周正,但已融入了前人的生活:大碗,装汤盛米,接水摆花;小碗,装饭盛菜,饮酒倒茶……没有它,人们的生活或许是另一种模样。它厚重,拿一只在手心,细细摩擦还能感受到些许沙沙的质感,厚度清晰却也均匀,杯底单调,仿佛还映着匠人一次又一次调整煅烧的沉静,不浮躁,不狂妄,不粗鄙,这似乎就是匠心;它朴实,就像这儿的人一样。

铜官窑,百年陶,尽人用,存匠心。

在靖港,有茶。不是普洱,也非龙井,而是一杯滋味多元的豆子茶,芝麻、豆子、生姜的混合碰撞味蕾,适当的盐分更是锦上添花。冬日,寒风四起,一口下去,寒气退散,暖意翻涌。一杯下去,则精神十足,元气满满。看着热气升腾,杯中颗粒沉降,茶香四溢,茶里有寒意褪去的爽快,有饱餐一顿的满足,有亲朋欢聚、邻里寒暄的热情,这些温暖在茶中渗透,在雾中升华,茶,已不仅仅是一杯豆子茶。

靖港镇,豆子茶,饱人腹,显温情。

在新康,有戏,皮影戏欢快通达,花鼓戏经典活跃。在这"戏乡"里,艺术家们各展才华,皮影人物一动一蹙,起跃弯坐,都来自千日的雕琢。生旦净丑一颦一笑,颔首抬眉,皆是人生的模样,这种风霜过后的傲岸,岁月无期的沉着,实为常人所不及。人常言"人生如戏",但或许在这些艺术家眼里,戏,不只是戏,是艺术;戏,不只是职业,是人生。

新康乡,百家戏,饱眼福,尽人生。

有心之举使瑰宝留存,经历世事变更,依旧留着历史的印记,闪着自己的光,闪耀在望城这片土地上,文化望城,灵魂望城。

风尘拂过,留文化;白云飘转,独归乡。

(2017 年 12 月"白云万里独归乡"征文竞赛望城一中组获奖作品)

# 古镇风情

◎ 望城一中407班　程　珊

我眼中的古镇该是位风姿绰约的女子,是"她"而不是"他"。

她静卧在江南的一处小城,名唤靖港,她温柔且内敛,轻灵且娇媚,脱俗且率性。芦江萦萦而绕,将她护在那一曲水湾里,宛如一个守护公主的骑士。

喜欢古镇的景——那湖畔青石板上遗落的油纸伞,游人忘返流连间淋湿的绸缎,烟雨画桥后的朦胧群岚,无不使人沉醉其中。落花飘摇,柳叶轻拂,那是春日下温煦的靖港;芙蓉摇曳,蛙鸣蝉噪,那是夏日繁闹的靖港;秋风飒飒,丹桂飘香,那是秋日中恬静的靖港;银装素裹,白雪茫茫,那是冬日间清冷的靖港。

喜欢古镇的店——手工制作的手链花环,木制的书签、题诗的折扇、栩栩如生的糖人,都颇得青睐。古朴雅致之余,古镇亦具神秘色彩。在长长的老街,一个不起眼的角落里,有一家名为"慢递吧"的小店,店主是个年轻男子,总是低头整理手中的信件。店面不大,里面却别有洞天——已泛黄的明信片挂满一墙,一个圆形茶几立在靠窗一旁,中间摆着桌椅,桌上错落零散地放着几本厚厚的本子和几支笔。我从未想过会有人开这样一家奇特的店,不为盈利,不为出名,竟只为来往的游客提供一个休憩纪念之地。细看之时发现在此停留并留下痕迹的,有本地人,也有外地人;有中国人,也有外国人。手指摩挲间竟还发现了许多熟悉的名字……我讶然。

喜欢古镇的人——率性而自然,热情而真挚。行走于巷子中,隔老远便听到一阵的吆喝叫卖。走近之后,店内的老板娘会热情地用带着长沙口音的普通话介绍各类菜品,如数家珍。点单后只见他往厨房方向一一吆喝菜名,只听得一声响亮的"好嘞!"每每及此,我总会想起武侠小说中的江湖客栈,倒又过了把江湖侠客的瘾。而每年又都有来自世界各地的人驻停于此,我记得树下弹着吉他的流浪歌手,记得雨中问路的外国友人,记得背着行囊的骑行者与背包客。本是萍水相逢的路人,却因古镇留下了深刻的印象。

文尽于此,我竟发觉自己已许久没有回古镇了。故地重游,我仍期待下一次与她的相遇。

（2017年12月"白云万里独归乡"征文竞赛望城一中组获奖作品）

# 白云万里独归乡

◎ 望城一中 408 班　罗湘雪

　　独自在异乡打拼,孤独的人在酒绿的喧嚣中。疲惫地陷入冰凉。远在千里的月光,是否比这温暖异常?恍惚中,我似乎听到奶奶的亲切呼唤,似乎又回到了小镇。

　　青石板、砖墙、木板房,行走于幽幽古镇,微微泛青的色调使人恍然间似回到了千年以前,海晏河清的太平盛世。又似走进了戴望舒笔下悠悠深处走来丁香姑娘的雨巷。童稚时期,赤着的脚丫在青石板上摩擦,清脆的嬉笑声不小心便滚落一地,顽皮的身影被余晖拖得老长,然后极不情愿地被大人揪着耳朵撵回家吃饭。

　　这时的小镇,是一卷尘缘未了的浮世绘。斜晖晚照中,袅袅升起的炊烟是小镇的呼吸,阡陌间巷间的生息歌哭是它的灵魂。时间仿佛凝固了,凝固在长长短短的石板路上,凝固在细细密密的窗棂上,凝固在蛛网布满的灶台上,恍然若失,不知今昔何年。

　　小镇各家各户都有做鱼的行家,各式各样的鱼让人垂涎三尺。曾见家人烧鱼,麻利地将活鱼去鳞、切割,用料酒、白醋加盐腌上一会儿,另一边准备香料,将鱼蒸熟后下锅,鱼肉在油"嗞嗞"的碰撞声里煎得金黄,加蒜蓉和葱翻炒。那时的我便猜想,浓厚的油烟后是怎样一番神奇的天地。将细嫩的鱼肉带皮在汤汁中蘸两圈,丢入口中,辣椒和蒜共同开路,汤汁在嘴里发生奇妙的化学反应。最后用鱼肉放出大招,让你味蕾洞开,回味无穷。

　　小镇有座清心寺院,总有袅袅梵音怡人心性,让人在混混沌沌中获得启迪与开朗。特殊日子里,常在大人带领下到庙里烧一炷香,进行叩拜,虔诚地许下心愿。一花一世界,一叶一菩提,在诵读"钟声闻,烦恼轻;智慧长,菩提生;离地狱,出火坑;愿成佛,度众生"时,领略寺庙清香的深沉与绵长。

　　"露从今夜白,月是故乡明",回到现实,我仍身处异乡,为生计而奔波,在深夜独享寂寞。但故乡的山水文化深埋心中,融入骨血。我知道,我这一辈子,无论身陷何方,都有乡可归,有家可回。

　　　　　　　　　　　　(2017 年 12 月"白云万里独归乡"征文竞赛望城一中组获奖作品)

# 引民俗细流，活一池春水

◎ 望城一中 406 班　曾乐翔

我总是可以见一树一树的沉香花，洁白的花瓣，随风飘落。用一种轻扬的姿态，华丽流转，像极了家乡那些古老陈旧却又盎然的被寄托希望的民俗文化。

我出生在乡下，奶奶说我小时候脾气像牛一样犟，一有什么不顺心的事情就开始号啕大哭。让人堪忧的不是哭这种方式，而是我在哭的时候会犟得翻白眼，就像是塘里的鱼缺氧久了"翻白"休克那样。奶奶害怕我会像缺氧的鱼生命停滞，她开始带着我讨"百家米"。其实说"讨"也是夸张了些，只是带着布袋子每家每户地请求主人舀一勺米。乡下人家嘛，热情善良，总是会端出一大碗，还会关心地问："你家伢子好些了吗？夜里还哭得慌吗？"也就是这所谓的百家米伴我成长，保我平安，从此之后再也没闹过翻白眼的事情。

过年是我最期盼的事情，小时候先是盼着腊八日，可喝五色的腊八粥，扶着撑胀的肚皮舔嘴角的粥屑，说："奶奶，再来一碗。"再接着盼的是小年。以前总是坚定不移地相信小年就是小孩子们过的节目，然后去找打牌的大人要压岁钱，要吃大鱼大肉。当然，我家总是起得最早的那户。也曾嘟起嘴埋怨起得太早，但也很快地就被色香味俱全的佳肴吸引而忘得一干二净。虽然正门上总会贴着"童言无忌"，但过年的那个日子里还是不能说"死"，这可是大忌。最喜欢的是给爷爷奶奶拜年了，这可不是现在口头表达新年快乐，而是真的拜，两膝跪地，双手放在地上，然后恭恭敬敬地拜三下。我也不知道为何那么高兴，只是看见爷爷奶奶笑得眼眯成缝，便也傻里傻气地抱着得来的小红包笑。

经久不衰最具有代表的应该是在正月初七那天盼年钟了吧。估计有人听到这个还会一头雾水。其实，这也是带着一定传奇神秘色彩在其中。那天晚上，村里的人都聚拢到小土地庙里，中年的壮叔壮伯自发地敲锣打鼓，我们会选出一个最年轻的成年男子出来，"疑似"长老的老人会在他面前念一些我听不懂的话，烧纸钱，然后他就像土地公公附了身上一样，说出今年的收成如何，以及有什么生死病痛。

民俗如细流，将生活的池灌入新鲜的水。后来我才明白这些有着特别含义的民俗文化都是人们最质朴最简单的希望生活变得更好的盼望。

（2017 年 12 月"白云万里独归乡"征文竞赛望城一中组获奖作品）

# 望城魂

◎ 望城一中 407 班　李茂益

　　清风抚过,柳散春离;香樟翠竹,相见何期?泥道旧塔,田埂新穗,河溪旧坝,鱼虾难觅;古寺新庵,香火似初,野草丛生,不见友人。曾忆否?到中流击水,捉鱼弄虾?曾记否,携众友闲游,伐竹取道?乡愁散,乡情改,乡人离,乡不乡,是故乡。故乡虽改,其魂不陨。

## 青山绿水石塔之魂

　　黑麋远立,引无数哲人来此。青树翠缦,蒙络摇缀,参差披拂。惜字塔下,碑文不毁,劝君惜纸,前人思想,今人仍可受教。此地有古塔怪树,扎根塔顶,以雨为源,以风沙为土,以鸟便为肥,不屈不挠,至今犹屹于古塔之上。人若以怪树为师,亦可学得坚毅之风。望城山塔之魂不倒,乡魂亦不改也。

## 铜官靖港开拓之魂

　　铜官当年之荒敝,众人皆知。陶业不复,停窑熄火,无以为继。而今焕然一新,以旅游为主业,以体验为主题,以人文为主旨,兴先祖之遗技,创今世之繁华。靖港小小一乡镇,勇抓改革开放之机遇,凭借政府扶持,借助市场调控,突飞猛进,成为望城特色之一。勇于开拓,敢为人先,湖南人之本色,望城人之风采。望城若开拓不断,必进取不止。

## 雷锋郭亮精神之魂

　　毛主席曾说:"向雷锋同志学习。"此地有革命烈士,勇斗反动派,有道德模范,行善不留名。承范文正公之志,先天下之忧而忧,后天下之乐而乐;仿屈原贾谊之怀,亦余心之所善兮,虽九死其犹未悔。今之望城,更应深追前人遗志,以光中华民族。雷锋之德,望城之风;郭亮之节,望城之美。

　　望城,我们的家乡,今天的我们更应尊重前辈,传承文化,言传身教,永续望城精神。勿使垃圾覆盖黑麋峰;勿使铜官靖港新康文化无人接班;勿使雷锋郭亮英雄形象受到污蔑。

　　当初袅袅炊烟,转眼间已成城镇,渔樵于江渚之上已成幻梦。沧海桑田,白驹过隙,故乡愈非童年之故乡。虽世事万殊,但更宜传承望城之魂,披肝沥胆,共创美丽望城。

(2017 年 12 月"白云万里独归乡"征文竞赛望城一中组获奖作品)

# 过 年

◎ 望城一中 428 杨紫艳

最是那"绵延不绝"的爆竹声,"噼啪"声里敲打着新年的节奏,将我从梦乡中唤醒。

孩子们围坐在火炉旁互相嬉戏打闹,比试着谁的衣服更漂亮可爱。大人们则占据在革命的最前线,与锅碗瓢盆做抗争,势要成就一席"惊天地泣鬼神"的新年盛宴。

香烛灯光轻轻晃动,席上摆放着各色佳肴,各家菜单各不相同,可中间少不了要摆上一大锅家养鸡的汤。我和妹妹趴在桌旁,抑不住对美食的渴望。爷爷端来一碗肉丸,猛一记拳头敲在我肩上:祭完先祖再动筷子,偷吃是对先祖的不敬。我撇撇嘴,抬头,一张写有"童言无忌"的红纸映入眼帘。我暗自嘀咕,新年总童言无忌,童嘴无忌才好呢。

饱食一番后是平凡中自有小惊喜的走亲访友。走出家门,一阵凉风万恶,我裹紧身上的大衣,低头将拉链拉好。新衣服上独有的气息载着浓浓的年味儿萦绕鼻间。一抬头,妈妈早已走远。我小跑着追上,从后面挽住妈妈的手臂,在"蹬蹬"的高跟鞋声和"踏踏"的平靴声中,我们走进大街小巷逐家贺年。碰到长辈,甜甜地叫声"新年快乐",一大把喜糖瓜子便一股脑儿地塞进口袋。一路走着,袋里的零食也上下跳动,演奏着新年最美的乐章。

十五的元宵节,盛上一碗热乎的汤圆,舀上一个,送往嘴中,圆滑的触感和美味的汤圆馅儿轻易地勾起你的味蕾。新年的脚步随着元宵的到来渐行渐远,午夜十二点耳旁最后一声"新年快乐"昭示着新年的落幕。

长大后,电子娱乐代替了走亲访友,当初接过零食时的欢喜之情也一去不再。大人总爱说,长大后你就懂了。可随着年龄的增长我却愈加迷惑,不懂的地方也越来越多,不懂为什么年夜饭越吃越晚;不懂为什么拜年的目的变成了麻将馆;不懂为什么除夕守夜不到十二点大人们便早早入睡。以至于在往后的时光里,我总会想起童年时过年的经历。闭上眼,眼前仿佛有烛光轻轻摇曳,点亮整个堂屋,圆桌上摆放着各色佳肴,散发出浓郁的香味儿在鼻间氤氲。

(2017年12月"白云万里独归乡"征文竞赛望城一中组获奖作品)

# 探访靖港

◎ 望城一中 398 班　文　斌

　　长沙城里的古迹，已因这种那种原因毁得所剩无几了，于我而言，略微知晓的，便只有靖港古镇了。初次来到靖港时，正值烈夏。一下公交车，便被一股热浪拥入怀中，古色古香的小镇在不远处静静矗立，天边的山脉，高低起伏，携着一片碧色扑入眼帘，偶尔在那万顷碧绿之中，也会飞过几点纯白。

　　顺着青石的地板向前方远望，入口处，一口小井映入眼帘，瑞兽石像凝望着往来的人。我从井口向下望去，银色的硬币随着水波摇曳，闪闪烁烁，它们寄托了一个个美好的心愿，沉在一汪水中。可惜我并无硬币，只得叹息而去。循着青石上的蚀痕，去寻找这个古镇的美丽。

　　我细细地看过这儿的每一寸风景。棕色椰子上各色的表情，五彩的挂饰，随风起舞的老招牌，鼓楼亭亭而立，小猫趴在楼角，懒懒地打着哈欠，还有那满系红绸的树，我似乎忘却了时间。叫卖声穿过时间传入我的耳中，长裙绿衣的姑娘坐在窗边，绣着戏水的鸳鸯，小伙子们个个笑得灿烂，小船儿在水上摇晃，一张张渔网在阳光下泛着银光，那是最美的时节，最快乐的时光，一切都是那么质朴而明亮。

　　似乎有谁在炸小黄鱼，满满的清香在我的鼻尖挥之不散，我回过神来，定睛一看，原来那拐角的小店里，新炸出的鱼，金灿灿的像蒙了一层金光。

　　都说江南美，美在它的典雅婉约，美在它的烟雨蒙蒙，我却要说靖港美，美在它的清丽质朴。她小小的湖水江水，比不了西湖的欲语还休，却开朗明丽；她湖边江岸的垂柳，比不了江南柳的烟笼沙堤，妖娆风情，却丝丝相缠，随风而舞，是游子梦中忘不了的深情。此时无丝雨无薄雾，只有蝉鸣阵阵，烈日炎炎，却点缀了靖港的祥和。

　　长长的回廊，青竹林立的小巷，有游客租着古装，或撑伞或执扇，寻觅着岁月的旧痕。长廊中裱起的书法或豪迈或端庄，在竹影中摇动，让人误以为穿越到了哪一户书香人家。隔墙听着街上的喧嚣，我似乎在这用钢铁与泥石筑起的城市中，寻得了那点点的安宁。

　　街边的试香小店，我也曾探访她的美丽，轻嗅它的颜色，可是如今却早已忘记它的芬芳。只记得深巷中，一户宅院大门紧闭，窗下不知名的黄色小花开得静雅，轻轻一嗅，满鼻清香，手拂过花朵，花香在指尖萦绕，久久不散，正如这个古镇，让人难以忘怀。

靖港在公交车的反光镜中愈发小了，却留下那么清雅的幽梦，在我的梦中徘徊。

（2017年12月"白云万里独归乡"征文竞赛望城一中组获奖作品）

# 靖港古镇

◎ 望城一中 437 班　郑　婷

古镇繁华今忆昔,庐水多情,一带青如碧。柳岸芦花飘缓急,暮云江色随人意,百业伴随江色起,货物如山,扬帆行万里。换取金银千兆亿,岁月如歌春满地。这是文人笔下的靖港。靖港兴起于清朝乾嘉时期,繁盛于道嘉年间,一条依伴芦江南岸而建的古朴麻石街蜿蜒曲折,全长两华里有余。

靖港历史悠久,约在 4000 多年前,舜帝南巡,其幼子沩寻父,终无缘相会,便栖居一灵山秀水之间,后其山得名沩山,水得名沩水。沩水入湘江之处,名沩港,因其两岸生长大片芦苇,故又名芦江。唐初,大将军李靖率军统一南方,驻军沩港,爱民如子,秋毫无犯。百姓感其恩德,沩港遂更名为靖港。靖港很早就成了繁华的商埠,民国时期获小汉口的美名。

靖港美名远扬,这里漂泊过杜甫的孤舟,驻扎过中共湖南省委机关,留下了革命先驱郭亮的足迹,走出了革命母亲陶承。那位大唐开国大将李靖在讨伐萧铣时,驻扎在这宽阔的港湾,茂密得遮天蔽日的芦苇林,是他们天然的掩护和军营。勇士们驾着战舟来去如梭,游弋在这如玉的水面,我想那气势恢宏的水上操练图,无逊于沙场秋点兵的豪迈气势。

靖港古韵悠悠,古镇幽幽,幽于历史,幽于商朝,幽于山水,幽于民风。悠悠往事叙说着古巷的传奇,砖墙的故事,青石板的历史。靖港是时间的迷宫,当你凝望那琉璃彩瓦,画栋雕梁,仿佛你凝望的是历史,其实你凝望的是时尚,数百年前的时尚。当你走过一条条静谧幽深的青石老街,仿佛你穿越的是寂寞,其实你穿越的是繁华,明清盛世的繁华。当你抚摸那褪色的门楣,模糊的雕像,仿佛你感受的是粗朴,其实你感受的是精致,是流金岁月的精致。青砖碧瓦白粉墙,执着地诉说着古镇昔日的繁华。古庙铜钟镇江塔,深沉地记录着靖港千年的沧桑。沿着青石板路缓步前行,两厢的双层木楼,乌漆栏杆,雕花窗棂,微翘欲飞的屋檐,散发着明清特有的气息,留恋着往事越千年的情怀。

庐江,是谁?轻叩你温柔的心扉,打开你沉寂已久的往事,那沉静如玉的芦江,使人想起"日暮乡关何处是,烟波江上使人愁",这就是靖港,千年一梦的靖港。

(2017 年 12 月"白云万里独归乡"征文竞赛望城一中组获奖作品)

# 望城风采

◎ 望城一中 406 班　周钰玲

　　故乡的文化是在外游子始终背负的行囊，从起点到终点，归根到底都是家所在的地方，而我的家乡望城也有着令人沉醉的文化，令人流连的风景。

　　位于茶亭的惜字塔，清幽而又神秘，站立在塔顶端的胡椒树，青翠茂密，指天直去，它似乎早已成为了希望的象征。到底是鸟儿衔来的种子，还是人们播种的希望，似乎都已不重要，因为惜字塔带给我们的宁静，让我们的心灵得到洗涤。游人散去，鸟儿的鸣叫声变得更加清脆，而我们的望城文化也在这静谧中滋长。

　　凌乱的瓦片穿越了千年，却依旧闪烁，没错，这便是唐代的铜官窑，当博物馆中"君生我未生，我生君已老"响起，当一张张幻灯片更迭，我们仿佛又来到了那个盛世，当窑场的熊熊烈火燃起，当工匠滴滴泪水落下，这些凌乱的瓦片，凝结的是他们的心血，即使这些陈列品并不完美，但设计的巧妙、做工的精致是令人赞叹的。而如今铜官窑已成为一个国家建设的重点工程，一栋栋建筑物在兴起，铜官窑正作为望城的一张明信片，传遍了全国，传遍了全世界，我们也应该以此为骄傲，因绚烂的望城文化而自豪。

　　在望城的这块宝地中。还隐藏着一个不被人知晓的地方，郭亮烈士墓。每到清明，就会有人来这里扫墓。这里的景色不比那些著名景点，却有着自己独特的风采，这里树林茂密，太阳被遮住，显得十分幽暗，郭亮烈士的故居也坐落其中，不加修饰，一切如昨。来到这里，仿佛时间在此刻静止，远离了城市的喧嚣，在这里鸟儿都可以倾听你的心声，一切都那么自然，那么美好。是啊，望城的文化不随那洪波涌起，却又荡漾在我们心中，给我们带来快乐。

　　在惜字塔的顶端眺望未来，在铜官窑里回望历史，在烈士墓前洗涤心灵，望城的文化是淡云轻烟，却又清沁于心中。家乡文化成为人与故乡的纽带，将天堑化为了通途，望城文化也正是如此，牵引着在外的游子，为他们照亮了回归的路。

（2017 年 12 月"白云万里独归乡"征文竞赛望城一中组获奖作品）

# 自是望城月最明

◎ 望城一中 418 班　易子欣

　　"露从今夜白,月是故乡明"是杜甫对故乡的怀念,而"自是望城月最明"包含的则是我对望城文化的自信。

　　这里是望城。从唱词到唱腔,从服饰到妆容,新康戏剧就像一个符号,使人说起望城,便有了个黑脸的包公,开始哇哇呀呀,台上人沉浸在戏中,或喜或嗔,或哀或愤。台下人陶醉在曲中,跟着台上人摇头晃脑念念有词,一出戏,一座台,唱遍的是天下苍生,言不尽的是千年艺术传统,它不像流行音乐,韵律十足,它不像西方歌剧,夸张十足,它不像古典音乐,醇香浓厚。它像一个千面镜,有血有肉,有故事,还有酒。这便是望城最具代表性的文化符号——皮影戏。时至今日,它仍在创新,不断接受着时代的熏陶,放出既古老又现代的光芒。

　　这里是望城。如果你没到过靖港,相信你也听说过著名的靖港美食。靖港人讲究吃,每一道美食的背后,可能有着它独一无二的故事。你吃清蒸鱼头,我可能和三五知己边吃靖港毛毛鱼边畅谈人生;你喝咖啡奶茶,我可用芝麻豆子这些最平常的食材,泡出一杯你永生难忘的芝麻豆子茶;你吃着包装精美的棒棒糖,我可能尝到靖港街边老爷爷现做的各种动物形状的糖画。五湖四海的朋友啊,客从远方来,且让我做东,邀各位遍尝这让人欲罢不能的靖港美食。

　　这里是望城。若你看淡了人世清浊,偏居一隅伴孤鹤,踏雪寻梅观山色,则随我一同欣赏书堂山的书法文化吧,绿山中,翠竹旁,清流相伴随。欧阳询就在这,他身着白袍,手执毛笔从从容容地在白纸上挥动着,仿佛与这山融为一体。他的字体笔法详备,结构严整,线条流畅。今天踏着石路,有幸见到欧阳询先生的铜像,深深感受到了他与书堂山结下的那份浓浓的情缘。

　　这里是望城。

　　这里有你想不到的惊喜,有你未曾见到的奇观,有你放不下的平常心。

　　在饱受外来文化冲击的今天,能吟一句"月是故乡明",我自信,我骄傲。

　　我也深信,自是望城月最明。

(2017 年 12 月"白云万里独归乡"征文竞赛望城一中组获奖作品)

# 夏日里的欢乐节日

◎ 望城一中 425 班　尼　琼

　　我的家乡位于西藏日喀则,它有着独特的自然风光,丰富的人文资源,也是世界最高峰珠穆朗玛峰的故乡,藏语意为水土肥美的庄园,人们给它以美誉:千山之宗,万水之源。

　　想起我的家乡,不仅仅只有那些自然风光,还有欢庆丰收的望果节,圣地天堂上的辞旧迎新的藏历新年。可是比起这些历史更悠久、更加能吸引人们眼球的,便是我们家乡江孜的达玛节。达玛节是我们家乡最盛大的一场节日。

　　据说第一个达玛节是为庆祝江孜宗山的白居寺和八角塔落成而举行的跑马射箭比赛,沿袭至今,达玛节已成为拥有 600 多年历史的传统节日。达玛节期间,除进行射箭跑马之外,如今推陈出新,在继续保留传统体育文化项目的同时,不断丰富内涵,形式更加多样,规格档次一年比一年高。

　　江孜的人民会将达玛节视为夏日里休息娱乐的节日,在达玛节开幕现场上,来自江孜县各地上万名群众前来观看藏戏、赛马等。在这些项目当中,我们必看的便是赛马。在我们家乡有种说法,只要观看赛马,那一匹匹呼啸而过的骏马,就能把自己一年的厄运晦气全部带走。因此当地的人民再怎么忙,也要去看一场赛马才行。

　　每年的 8 月份达玛节会在江孜举行,届时农牧民穿着节日盛装,喜气洋洋,从四面八方汇集在一起来观看赛马、赛牦牛、射箭、足球、篮球、拔河、负重、民兵实弹射击、专业和群众文艺演出。那一天,我们会带着很多东西,搭起五颜六色的太阳伞和帐篷,男女老少席地而坐,喝着酥油茶,吃着小点心。达玛场入口处,道路两旁和场外空坪上,支起一个紧挨一个的摊位,有卖农具的,化妆品的,小吃的,服装的,手工艺品的,还有在帐篷内打麻将,打藏牌的。达玛节为探访亲友,增进友情,交流信息,促进商品流通提供了一个很好的机会。

　　那一年,在开幕式入场仪式上,江孜县一百多名中小学生排着整齐的方队,齐声为奥运加油,嘹亮的口号声响彻云霄,在江孜县赛马场,用藏语书写了"同一个世界,同一个梦想"的奥运标志,而旁边是预示五谷丰登、吉祥如意的西藏传统的五谷斗。欢迎大家来我家乡观看。

(2017 年 12 月"白云万里独归乡"征文竞赛望城一中组获奖作品)

# 我寄我心与岳麓

◎ 望城职中财会 51 班　李心雨

陶渊明想要一座山，让他享受"采菊东篱下，悠然见南山"的悠闲；辛弃疾想要一座山，让他抒发"我见青山多妩媚，料青山见我应如是"的情感；杜甫想要一座山，让他尽展"会当凌绝顶，一览众山小"的豪迈。

而我呢？凡尘世间的一粒尘埃，天地间渺小的存在，我想要的是什么呢？是的，我想要的是岳麓山。

踏着石板小道拾级而上，山间曲折的小路边长满碧绿的青苔，那一棵棵苍翠的树木扎根在石缝中，湿润的空气令人无比惬意。我只身一人走着，一面与新鲜空气撞个满怀。我双手握住这空气，她在我心中肆意舞动着。呀！她在溜走。我一路跟随，一路嬉戏，同她舞蹈，好不快活。银铃般的笑声把整个山间布置得一片灿烂。

山路一转，映入眼帘的又是另一番景色。林木参天，枝繁叶茂，路旁花儿芳香扑鼻。再挪步，与爱晚亭不期而遇。亭子约两层楼高，写着"爱晚亭"三个大字的匾额挂在亭子的正上方。诗人杜牧曾留下"停车坐爱枫林晚，霜叶红于二月花"的赞美。登上亭子，可见亭内立碑，上刻毛主席手书《沁园春·长沙》的诗句，笔走龙蛇，雄浑自如，更使古亭流光溢彩。该亭三面环山，东向开阔，有坪纵横十余丈，紫翠青葱，流泉不断。亭前有池塘，桃李成行，四周皆枫林，深秋时，红叶满山。

沿着小路走着，展现在眼前的是中国古代气势恢宏的建筑——岳麓书院，"唯楚有材，于斯为盛"，这副对联高高地挂在书院门口，它向世人昭示这里人才济济，是无数潇湘子弟的骄傲。

曾几何时，曾国藩、左宗棠等近代名人意气风发，担起救国图强的重任，太平天国起义与湘军鏖战湘江，战鼓响彻历史的天空；毛泽东、蔡和森等革命历史伟人在此"指点江山，激扬文字"，演绎了历史的壮丽篇章。

收起自豪感，抬头可见书院正堂墙壁上还有朱熹手书"忠、孝、节、廉"，其书法笔锋苍劲，顿挫分明，令观者赞不绝口。这些文字历经沧桑，见证了书院千年的演变，是中华民族的文化瑰宝。

夕阳无限好，匆忙岳麓归。我走了，我又没有走，我的魂里岳麓依然清晰。岳麓因迷人的风景而令人流连忘返，因深厚的文化底蕴熠熠生辉……

(2017 年 12 月"白云万里独归乡"征文竞赛职中组获奖作品)

# 白云万里独归乡

◎ 望城职中财会 51 班　周　怡

梨花院落溶溶月,柳絮池塘淡淡风。每次读到这句诗,总是会想起儿时在故乡的日子。

那时我还很小,总爱一个人搬一把椅子坐在梨花树下读诗。一阵微风吹过,树上的梨花飘落在我的书页间,留下了淡淡的清香。而我也在这一缕缕清香中品味到更美妙的诗词。故乡的池塘里还种着几株莲花。那时候只是单纯地觉得莲花很美,总围着它看来看去,后来长大后才知道,莲的妙处,难以言说。莲具有很大的药用价值,莲叶可以清火安神,莲心可以入药,有益肺、养心之效。这莲啊,更是花中君子,出淤泥而不染,濯清涟而不妖。微风细雨中,几茎荷花,亭亭玉立,风姿绰约。不管置身何地,总是处乱不惊,它的端雅姿态、从容气度,不以岁减,不以物移。

岁月一直在流转更替,我亦一直在迁徙改变。唯一不变的恐怕只有故乡的那些炊烟人家。他们用最平凡的双手,做着最不平凡的事情。故乡的院子里,住着一位乐善好施的老太太,对平日走街串巷的卖货郎,或天南地北的江湖艺人,总会殷勤留客。虽是粗茶淡饭,却给了风餐露宿的他们无限暖意。

故乡多水,水是梯田的精魂,水同时也滋养了南方人的灵性。在南方只要有人烟的地方皆种水稻。南方的水稻虽多,但他们从不浪费一粒粮食。因为他们知道,每一年稻花飘香的背后,都是那些辛勤的农人日日守着那苍茫无际的稻田耕种而来的。

令我最难以忘怀的,当数故乡的月,我爱极了乡间的明月。它的清幽,恍若遗失在远古的一块美玉,把喧闹的人间映衬得洁白无瑕。明净如水的月光,穿过竹林,流泻下来,让我们心生安宁。此后,我离开故乡,便再也没见过那样皎洁温柔的月亮,亦不曾见过那满天繁密的星子。如今我已有三年没有回过故乡了。看惯了城市车水马龙,突然有点怀念儿时在故乡的时光,那段没有喧嚣与繁华的时光。我想,若是没有故乡的那些人和那些事,我的性子或许不会像现在这样温顺、善良,骨子里也不会懂得珍惜与感恩。

千帆过尽,世事繁华,无论走得多远,那条回家的路始终不会荒芜。白云留不住,万里总归乡。

(2017 年 12 月"白云万里独归乡"征文竞赛职中组获奖作品)

# 白云万里独归乡

◎ 望城职中财会 51 班　张　茜

　　你如水温柔,如歌纯净,你曾被世人久久遗忘。虽然岁月的风蚀日渐苍老了你的黑色屋檐,它们交错地层叠着,掩不住沧桑,可你依旧那么静美,透着几分更加迷人的韵致,我的家乡——乔口渔都。

　　走进渔都,仿佛就是走进了一幅乡村水墨画中。沿着老街行走,两旁的房子都是白墙黛瓦,脚下麻石铺成的道路在我们面前徐徐展开。大街上人潮如涌,我们漫步在其中。一会儿,这边摊贩吆喝着"芝麻豆子茶咯",那边餐馆又传出嗞嗞的煎鱼声……几乎每间商铺路旁都支着一张张小桌子,上面摆满了酥黄香脆的火焙鱼,还有一些烘烤过的个头较大的咸鱼。好客的商家看你心动的样子,会爽快地让你先尝尝鲜,因为都是本地出产的鱼儿,因此,送入口中倍感香醇。

　　沿着街道继续前行。你会看到青砖白墙上有一个由几十块方方正正的小麻石拼成硕大"寿"字的牌坊,就来到了这条古老的名街——百寿街。据说百寿街建于清乾隆五十七年,是乾隆皇帝有感于乔口人刘光任满百岁不易,亲颁圣旨所建,并御赐"流芳百世"匾额。而到现在乔口健在的百岁老人还有四位。再往前行走,你会发现有一栋非常漂亮的清式建筑,正中间的门楣上架着一块黑色底边的书匾,上面雕刻着三个简洁遒劲的大字——三贤祠。整个祠堂为三间三进,砖木结构。跨过中间的大门往里走,有一间宽敞的厅堂——三贤堂,堂内正中是屈原、贾谊和杜甫三位大师的雕像,他们或站或坐或背手行吟,仿佛活生生地在我们眼前,继续着他们未完成的大作。

　　因水而生,因水而荣,水是乔口的灵魂,走到柳林江边,河岸杨柳依依,绿草如茵。天气晴好时,江边三三两两浣衣的妇女,独自垂钓的老翁,好不惬意。屋檐下,聊天的老人和客栈的伙计平和安然,让人望之亲切。轻手拂过柳林江边的柳条,年轻人在这里喝啤酒、听音乐,找寻最舒适的状态。这便是梦中的水乡,有湖湘味道的水乡。

　　"残年傍水国,落日对春华。树蜜早蜂乱,江泥轻燕斜。"杜甫的《入乔口》,写的正是我的家乡。

(2017 年 12 月"白云万里独归乡"征文竞赛职中组获奖作品)

# 家乡风景独好

◎ 望城职中旅游 37 班　刘银望

"为什么我的眼里常含泪水,因为我对这土地爱得深沉。"这出自艾青笔下的《我爱这土地》一诗,我就如同艾青一般,对家乡有着一种别样的情怀。

我的家乡——乔口渔都,那是一方美丽的土地,一方让人无法割舍的土地。我就是在这里长大的。我常常在想,能生活在这里,真是我的幸运。因为这里有纯正朴实的民风,垂涎欲滴的美食,引人入胜的名迹……无一不让我感到惊叹和自豪。请让我一一给你们道来吧。

乔口渔都——一个鲜少有人谈起的小镇,却总是能给你带来惊喜。每逢过年过节,家家户户都放着爆竹,庆祝着这天的到来。邻里之间凡是有人送礼的,定会拿给大家尝尝鲜,绝不会藏着掩着吃独食。若遇有人家要嫁女儿或者娶媳妇定会随一份份子表示自己的心意。只要你有困难,邻居们定会倾囊相助,不会让你独扛,这就是乔口渔都的民风,被人所羡慕的。

说起家乡的美食,那又别有一番风味了,有大闸蟹、米粉、小鱼干、芝麻豆子茶……早晨醒来的时候,迈着慵懒的步伐,来到家附近的小店吃一碗米粉,有种拥抱全世界的感觉。或者是傍晚时分,端一碗芝麻豆子茶,再搬一张小凳坐在屋前,赏着夕阳西落,微风轻轻吹拂在脸庞上,很舒服,这小日子过得忒滋润了。这就是乔口渔都的美食带给我们的享受。

每当我走出家门,沿着小路一直走,来到小镇里头,就会觉得乔口渔都的名胜古迹也是数不胜数的,有万寿宫、柏乐园、步行街、杜甫客栈,无一不让我们引以为傲。有的时候我朋友会来到我家乡游玩,我便带他们来这些地方,其中最让我喜爱的便是杜甫客栈了。当年杜甫来到乔口时,便是下榻于此客栈了。故后来名之为杜甫客栈。后来,我也习惯来此坐一坐。有时和朋友在这里聚会,也是非常不错的。这就是乔口渔都的名胜古迹带给我们的。

我的家乡乔口渔都,我的居住地。我从不用"故乡"来形容我的居住地,而是用"家乡"来说,因为在我看来,家乡比故乡多那么一点味道,一点家的味道,它能使我的内心宁静,是我最温暖的归宿。在我眼中,家乡风景独好。

我好爱我的家乡,愿她能越来越好。

(2017 年 12 月"白云万里独归乡"征文竞赛职中组获奖作品)

# 剪影里的古城风光

◎ 黄金中学 1604 班　肖　艺

奶奶家的一面墙上，挂有四幅剪纸。

第一幅是家乡的山景。剪的是书堂山的竹林。大红的剪纸中，一条石板路通往幽深的竹林，一个人在石板路上走着。而那竹子上的每一片竹叶都被剪纸的手艺人细致地剪了出来。看着这张剪纸，耳边仿佛响起风吹过竹林的沙沙声。这一切，都那么美好自然。

第二幅是家乡的水景。剪的是靖港古镇的某一景点。在大红的剪纸中，傍水而居的房屋，它的四角向上翘起。而房子前方的江水中有几根芦苇，几只游禽在旁边觅食。整个剪纸在白色的背景下，呈现出闲适悠然的意境。

如果将这两张剪纸与所呈现的景物相对应，一定会惊讶如此相似。一张小小的剪纸，竟能将家乡山水囊括其中。

另两幅剪纸表现的是家乡的生活，其中一幅是秋天收获的情景。剪纸中老人正拿着镰刀在收割稻子。老人的眼睛剪成弯弯的月牙形，仿佛是今年的收获十分丰富。老人正享受着收获的喜悦。

另一幅是中秋团圆的情景。剪纸中，一家人正围坐在一起吃着团圆饭。窗外的月亮剪成圆形，寓意团团圆圆。而剪纸的颜色是红色，也让整个画面呈现出红火热闹的氛围。小小的剪纸展现出家乡的生活状态，同时这其中也溢满了家乡人民对未来生活的美好期待。

这四张剪纸，无一不透露出家乡人民的智慧。剪纸的工具，一张红纸，一把剪刀便足矣，可如果要制成一个精妙的剪纸艺术品，便需要极大的功夫，每一张剪纸艺术品的形成，都要经历无数次的折叠与展开。只有这样才能更高效地将纸中多余的剪去，只有经过无数次的折叠与展开，无数次地用剪刀剪去纸中的废料，一张精美的剪纸艺术品才算完成。由此可见，家乡人民精湛的手艺与生活智慧。

如果某一天我离开家乡，我一定会带一样行李，那便是家乡的剪纸，在想家时，看一看。

（2017 年 12 月"白云万里独归乡"征文竞赛初中组获奖作品）

# 铜官生活

◎ 向阳中学1706班　谭书恒

　　铜官是我生长的地方,这里是一个生活安逸的地方,铜官人的生活是非常有味道的,是非常悠闲的。在晨光映入门窗的时候,铜官人的生活便从一碗米粉开始。鲜红的剁辣椒,几片香脆的葱花,一匙鲜红的油,顶上一大瓢辣椒炒肉,一碗米粉就出锅了。嘿嘿,不要以为这简单的食材没有好味道,吃上一口就知道。用筷子卷起一箸粉,嗍上一口,鲜嫩的油脂瞬间弹出,一屋子的嗍粉声"丝喔丝喔,呜嗞呜嗞"。这似乎组成了一个乐队,粉软绵绵的,人笑嘻嘻的,聊天的,听歌的,边吃粉边看电视的,样样都有。一碗米粉下肚,整个身子热腾腾的,浑身是干劲,干活去!

　　铜官人干活是随心所欲的。一顶草帽,一双套鞋,人们在地里干起了活,大家互相关心,互相帮助,今天我帮你泼泼菜,明天你帮我除除草。大家一起干活,一起聊天,八卦新闻也有的是:今天这个生日,明天那个结婚,谁的女儿考上了大学,谁家的东西又被偷了,连我奶奶都成了我家的"新闻百事通"。累了他们就会去田边抽口烟,晒晒太阳,去河边钓上一篓鱼也不错,累了就上别人家做客去!

　　热情好客的女主人见了客人来,便会手忙脚乱,这时便会泡上一陶罐芝麻豆子茶,跑去客厅烧壶水,又从袋子里抓一把茶叶,这茶叶是清明时节自家摘的,绿色健康。她拿起擂钵捣碎一根刚刮了皮的姜,一小碗芝麻豆子一倒进去,抖上一茶匙盐,水一冲,芝麻豆子茶便泡好了。姜盐香气迎面而来,小孩子口水都挤出来了。这时女主人会拿出几只用铜官窑里生产的陶碗来泡茶。这种陶碗是用泥巴烧成的,碗被上了釉,绘上了一层奇特高雅的面纱,显出亮眼的色彩。这种碗很结实,小孩不小心摔在地上了,它也不碎,而且盛热水还不烫手,是非常实用的。接着女主人又会从坛子里夹出一小钵子辣萝卜条,清脆爽口,吃起一口,便会忍不住再吃一口,再吃一口后又会忍不住还吃一口。在这样一口萝卜一口茶的味道中,铜官人辣出了一身汗,心满意足地回到了自己的家。

　　下午的铜官是很悠闲的。太阳,懒洋洋地照着大地,风轻轻地吹着,人们不出去干活,而是在茶馆里聚起来。茶馆并不豪华,但是里面的人是快乐的,他们喝着茶,打起扑克牌来,赢了的请客,输了的吃东西。铜官人并不在意,在意的是这一份快乐。

　　一天的辛勤劳动结束了,铜官人家家户户都烧起火来。在一个铁桶中,放上几根干柴,点起一把火,铜官人对生活的激情也在红光中闪动。不管是有钱人家还是没钱人家,不管是有电烤炉还是没电烤炉的,他们都喜欢烧火取暖。天黑了,散步的人也回了家,人们把火桶提进门,放在烤火架下,再在火中放几个红薯用火灰埋上,一家人围在一起烤火聊天看电视。奶奶拿出一坛子坛子菜出来,这是他们亲手做的,还配上一钵子甜酒,这酒是自家酿的。甜丝丝的香头,小孩子喜欢一口一勺,吃得晕乎乎的,脸红得像一朵绽开的红花,娇嫩可爱。电视是大方块形的,虽然年代久远,但却还是爷爷奶奶的最爱。夜深了,红薯也熟了,香气四溢,飘满整个屋子。邻居们闻到这气味也赶趟似的拢过来了,小孩也聚了起来,红薯表皮酥脆,里面的肉入口即化,香糯可口,醇浓薯香通入全身,吃了就想美美地睡上一觉,一觉后,太阳又出来了,铜官人的生活又要开始了。

　　日子一天天过,铜官人的生活始终是那么淳朴。日出而作,日落而息着,凿井而饮,耕田而食,一碗粉,一块田,一片菜地,一碗芝麻豆子茶,一桶火,一个电视,一块红薯,一种人生。

(2017 年 12 月"白云万里独归乡"征文竞赛初中组获奖作品)

# 故乡的原风景

◎ 乔口中学 188 班　汪梓乔

地接吾城近,闻君遇夕阳。白云留不住,万里独归乡。

——题记

　　赋予树叶生命的是大地。落叶终究会归根;赋予我们生命的是母亲,游子终究会归乡。记忆中的故乡,便是一碗热汤的温度。

　　乡情。乡情是一碗豆花儿的蜜意。"卖豆腐脑,好吃的豆腐脑。"炎炎夏日,一句句吆喝声传遍大街小巷,驱散人们心头的闷热感,白嫩的豆腐花儿,覆盖上一层又一层白糖,微微晃动的豆花儿,满满一勺,入口即化,丝丝蜜意在我齿尖游走,流连忘返。三下五除二,满满一碗豆花儿就已见底,意犹未尽地舔了舔嘴角。"阿婆,再来一碗。""好嘞,马上就来。"一碗阿婆的豆腐脑,陪伴了我无数个夏日。

　　乡愁。乡愁是对物是人非的无可奈何。

　　万里无云的晴空,徐徐微风送来丝丝凉意。丛林深处,两个虎头虎脑的孩子正在窃窃私语,头紧靠着头,目不转睛地盯着前方。"嘘,别吵,我的龙虾上钩了。"这时,一阵摩托车的轰鸣声由远及近地传来, 草丛里立刻传来一阵窸窣声,两个小孩不见踪影,只剩一杆孤钓,在水边微微荡漾。摩托车的影子很快在天边消失不见,又是一阵窸窣声。他们从草丛中钻了出来,尽情地嬉戏玩耍。夕阳西下,太阳的余晖映照出一张张笑脸,他们手挽着手,一路高歌。时光变迁,岁月流逝,曾经稚气的脸褪去了青涩,成了一个个意气风发的少年,他们沿着曾经的私密通道,在林中穿梭。映入眼帘的是一片青葱的玉米地,稀疏松散地排列着,绿波荡漾,一眼望不到边,少年失望惆怅地望着远方,身边空落落的,心里也空落落的。曾经的欢声笑语早已随风远去,那个温柔可爱的故乡也变得面目全非,似乎随着那尘封的记忆一起沉眠了。

　　乡思。乡思,是一位母亲眼中的柔情。

　　大伯家的兵哥回来了,那个曾经固执鲁莽的少年终于回来了,孱弱瘦小的身体,失去光泽的眼睛深深凹陷下去,满是胡茬的脸,泛着病态的白,颓废得不像样子,重回故乡温暖的怀抱。故乡用他的呵护与包容,重新接纳了这个迷路的孩子。

故乡是一道浅浅的湾,故乡是一份浓浓的情,故乡是你,也是我。

(2017 年 12 月"白云万里独归乡"征文竞赛初中组获奖作品)

# 白云万里，魂归乡

◎ 东城中学 173 班　姚紫馨

在 25 层楼玻璃窗前，一个伛偻的老人正眺望远处，怀里紧紧地抱着一把唢呐。

他是村里的手艺人，善吹唢呐，一旦村里有喜丧大事准找他来帮忙奏一曲。他老说自己见惯了世间生死，总要在死亡面前保留自己的尊严。

已年过 60 的他，在那个雪夜，遭遇了人生最大的变故，老伴去世。多年来相敬如宾、相濡以沫的老伴竟一声不吭地走了，走得十分安详，没有病痛的折磨。

这个不起眼的南方小镇下起了历年来最大的一场雪。大雪纷纷扬扬，下个没完。厚厚的积雪，把路都给堵住了，给这个交通并不便利的地方生了麻烦。村里人迅速组织起来，把雪扫尽，支起大棚，买来棺材，准备后事。

老人找来烧得通红的火盆和村里人一起取暖，并搓着已冻僵的手从里屋拿出唢呐，吹了起来。他说他给别人吹了一辈子唢呐，现在终于可以好好地吹给老伴听了。他无奈地扶着唢呐，眼里淌出几颗晶莹的泪珠。

他的子女将他接到城里去住。他没带什么行李，只带了一把擦得发亮的唢呐。

到了城里，他渐渐闲了下来，他明白子女很忙，便不再打搅。

他数次在半夜惊醒，出了一身冷汗。他睡眠质量很差，但他只是怀疑身体出问题了，便不再多想。漫长的黑夜里，恐惧一次次袭来。他蜷缩在冰冷的被窝里，像个无助的孩子，黑暗像洪水猛兽吞噬着他，他慌了。

又是一个难熬的夜晚，他服下药，在心里祈祷会有个好梦，他睡了下去，眼前一片朦胧。

他好像又回到了那个雪夜，老伴正躺在她面前，她打了个寒战，他用手轻轻钩住她的腰，把被子盖好，他听着老伴在说梦话："我要回家。" 梦境破碎了，他突然直起身来，老泪纵横，说："我要回家呀！"窗外传来一阵缥缈的唢呐声。

（2017 年 12 月"白云万里独归乡"征文竞赛初中组获奖作品）

# 在乡间的小道上

◎ 育红中学 154 班　朱　茵

风雨淋刷了乡间的四季,黄土便布满了我的家乡。郁郁葱葱的树木布满了两旁。蓝蓝的天空衬托着这一抹绿光。土地也被星辰笼罩得闪闪发亮。

在我的家乡,人们总在客来之际,泡上一杯淡绿的茶,当人们品一品其味道,那散发出的茗香便带给人们一丝清爽,给人留下清爽的就是那乌山贡茶。

乌山贡茶,既不闻名中外,也非珍奇异物,也就算个地方特产。没有安化黑茶之深奥,没有安徽红茶之高档,可她却骄傲地生活在了一个乡间的小道上,一个叫作茶园村的地方。走进茶园村,便看见黄黄的泥巴上长着绿绿的芽儿。望着,但也算讨人喜欢。采摘者们辛勤地采,脸上洋溢着幸福的笑。过后便背着背篓,载着好似翡翠般宝贵的绿茶回家,山路上便留下一个个袅袅娜娜的背影。

如果说茶叶是美女子,那么,山也算得上美男子吧。随着地球上物态的变化,一座俊美的高山便耸立在湖南的板块上,那就是乌山。

走进乌山,一眼望去,映入眼帘的不是那整齐繁多的台阶,而是那充满生命的竹林。秋天时,竹林里的叶子片片撒落在泥土里,相互彰显了各自的豪气。乌山顶部,石子长得更是奇形怪状,很是迷乱。当人们登上山顶,站在高石上,纵目远眺,这山便披上了一件迷彩服,像小山丘一样,很是威严而又挺拔。当人们往山下俯视,心中便有了根琴弦,就好比见到万丈深渊般颤抖,给人们的心灵深处留下了恐惧之感。

乌山,深深扎根在了"乡间这小道上",好比屏障,坚强硬实,抵挡外界的抗击。

在乌山的笼罩下,这个地方也不断发展。乌山,也被称为"鱼米之乡",所以鱼类繁多。在每年的秋冬之际,乌山存在小部分干旱,造成了水量剧减。这时,便是捕鱼的好时机。人们在河边抓鱼,穿起防水裤,两手在泥里划来划去,轻轻松松便捞了几条大鱼。当捕鱼者往岸上送鱼时,人们个个欣喜若狂,个个都蓄势待发去抢大鱼,即便一身泥水,也高兴地笑个不停。

乌山,这个宁静而热闹的地方,存在于蓝天之下,为土地提供了迷幻色彩,白云也被染成淡蓝色。而我,被这个"小道"陶醉,印下淡淡的而又抹不去的回忆。

（2017 年 12 月"白云万里独归乡"征文竞赛初中组获奖作品）